Moi, mes souliers

Félix Leclerc

Moi, mes souliers

Préface de Jean Giono

BQ

BIBLIOTHÈQUE QUÉBÉCOISE

Bibliothèque québécoise inc. est une société d'édition administrée conjointement par la Corporation des éditions Fides, les Éditions Hurtubise HMH ltée et Leméac éditeur.

Direction littéraire

Aurélien Boivin

Direction de la production

Jean-Yves Collette

DÉPÔT LÉGAL : QUATRIÈME TRIMESTRE 1988
BIBLIOTHÈQUE NATIONALE DU QUÉBEC

ISBN : 2-89406-013-0

Préface

Dès la première ligne, je me suis dit: «Voilà un homme sympathique!» Il ne cherche pas à me faire croire qu'il est un monstre sacré.

Il se montre tel qu'il est. Il ne se complique pas l'existence et il ne va pas compliquer la mienne. Il a le sens aigu de certaines choses. Il s'en sert pour s'exprimer.

Ce qu'il ne sent pas, il le laisse exprimer par d'autres. Il ne cherche pas à copier chez ces autres l'expression de ce qu'il n'a pas senti. Il ne veut pas se faire prendre pour plus fort qu'il n'est. De là, des qualités personnelles qu'on chercherait vainement chez tels et tels qui se contorsionnent pour imiter les attitudes des rois du cirque.

Ce qui fait que je ne me pose jamais la question: «Qui imite-t-il?» Je l'écoute comme une voix nouvelle. Ce qu'il dit est bien de lui. Il n'est pas un résidu de lectures. Quand il a des bonheurs d'expressions, ce sont les siens. Je ne me pose jamais la question: «Où a-t-il trouvé ça?» Sous-entendu: chez-qui? Non, c'est chez lui qu'il l'a trouvé. Si c'est peu, eh bien! c'est peu. Si c'est ce qu'on appelle «pas mal», eh bien! c'est ce qu'on appelle «pas mal». Mais c'est à lui.

Et il raconte son histoire sans forcer son talent, sans vanité, sans vouloir se faire prendre pour ce qu'il n'est pas: ce qui est le vrai moyen d'écrire un bon livre.

Jean Giono

N.B. Il y a notamment une lettre au ministère de la Défense nationale qui fait mon bonheur et le bonheur des amis à qui je la lis.

Journal d'un lièvre à deux pattes

Le lièvre est un animal d'humeur sauteuse et de tempérament craintif. J'ai quelque ressemblance avec lui.

Première partie

NOTRE SENTIER

Chapitre premier

Comment, jeune lièvre de campagne que j'étais, l'occasion me fut donnée d'aller à Québec pour la première fois de ma vie et de prendre connaissance avec cette jolie ville sise sur un cap.

J'étais en haut dans ma chambre à m'ennuyer, comme font les lièvres quand ils s'ennuient.

Mon parrain, un original d'une savane* de Québec, était notre hôte depuis deux jours. Allongé en bas près du feu, il écoutait mes parents lui expliquer que je ne retournerais plus au collège, à cause d'un détail: le manque d'argent.

Il pria qu'on me fît descendre, me déclencha une claque sur l'oreille et me dit: «Flanc-mou, je t'amène en vacances avec moi pour deux semaines. Fais ton baluchon».

C'était une invitation à quitter mon trou pour visiter le sien creusé en pays d'histoire, près d'un énorme pont tombé deux fois, aux abords duquel, disait-il, affluent des animaux de tous les pays du monde dans l'espérance de le voir tomber une troisième.

J'hésitai, ne voulant pas laisser mes parents seuls avec tant d'ouvrage à faire dans le temps des blés, mais ils me donnèrent congé avec plaisir.

---

* *Savane:* terrain marécageux, humide.

J'acceptai, d'abord parce qu'à la longue on se fatigue d'embêter toujours les mêmes gens, et deuxièmement parce que ce pays de mon parrain m'était inconnu.

Comme tout bagage, dans un sac de papier tout neuf, un sac à poignée, j'avais deux chemises, un gilet, le pantalon de mon frère, un manche de rasoir (mon frère ayant gardé les lames), ma brosse à dents et du tabac en feuilles de qualité reconnue, «que», m'avait fait juré mon père, «tu feras fumer aux voisins pour les rendre malades».

Cette fin d'août en question, nous sommes partis un matin de soleil, sur une route bordée d'un côté par le fleuve et de l'autre par des moissons coupées, dans la vieille bagnole de mon parrain que j'avais astiquée la veille.

Tout le long du trajet, mon parrain m'envoyait des clins d'œil et des bourrades, me répétant sans cesse: «Tu verras, tu n'as rien vu». Et c'était vrai que, comparé à lui, je n'avais rien vu. Il me semblait arriver au monde ce matin-là.

Sûrement pour faucher mes complexes de timidité, que tout bon jeune lièvre se doit d'avoir en quantité, il me traitait comme un homme-lièvre, c'est-à-dire, qu'il me tapait dessus au moindre prétexte, pour me montrer soit l'oiseau en plein tour de chant dans l'arbre, soit le camion qui avait failli nous tamponner, car moi, je me sentais long, maigre, peureux, un peu imbécile et heureux. D'avance, j'étais sûr que ce voyage me ferait du bien, bien que la ville où nous allions me fît peur.

Je trouvai que, rentrant les gerbes dans de longues charrettes à ridelles tirées par de lourds chevaux noirs, les paysans faisaient un bien joli tableau derrière le roux des feuilles dans l'automne.

Vraiment nous vivions dans un bien beau pays: propre, grand, travailleur, hospitalier. Dans les villages, on roulait doucement pour donner le temps aux gens de la place pratiquant cette joyeuse habitude de converser au milieu de la rue, de se ranger sur le trottoir. Je souriais d'aise à la vue des lièvres-écoliers qui allaient faire leur entrée dans les classes avec des mines d'enfants punis. Mon parrain, constatant que leur corvée me faisait plaisir à voir, me demanda gentiment si je tenais à ce qu'on descende de voiture pour aller rire d'eux en pleine face. Je lui dis que je n'y tenais pas. Nous poursuivîmes notre route heureuse, pendant que je pensais intérieurement que ce temps d'école était fini pour moi.

Que ferais-je, où irais-je après mon stage chez le parrain? Je me faisais croire que c'était le moindre de mes soucis, mais cette question me laissait bien songeur. Pour l'instant, je respirais l'étrange volupté d'être libre, de pénétrer dans la zone réservée aux hommes et, de plus en plus intérieurement, je prenais la résolution de me taire, d'écouter parler les lièvres plus vieux pour apprendre à vivre, parce qu'à chaque retour du collège, je me rendais compte que je n'impressionnais pas mes parents, même lorsque je parlais latin. Mais eux, avec des mots de tous les jours, me tenaient suspendu par le bec rien qu'à me raconter leur voyage au bord de la forêt où pousse l'avoine. Au collège, on n'a pas le temps de s'étudier, plongé qu'on est à reconstituer la vie des autres. Me voilà donc, avec une petite vie à moi, lièvre neuf, libre, sans attaches ni salaires, pur et fragile comme un cœur de grenouille rêvant dans le matin.

Après un voyage assez long, nous sommes arrivés de nuit. J'étais fourbu parce que j'avais forcé comme un cheval à changer par quatre fois la roue à crevaison (ainsi nommé à cause du refus de ladite roue de rouler comme les autres) et j'étais sale comme lièvre qui a joué dans la suie. Pas question de sommeil durant le parcours parce que le parrain qui s'endormait aussi tenais absolument à ce que le lui tienne compagnie.

— Nous y voilà, me cria-t-il, en me cognant sur le crâne avec ses jointures du dessus de la main, descends.

Tout endormi, je me suis sorti de la voiture. Un vent raide a pris mon chapeau que je ne devais plus revoir.

— Où sommes-nous?

— Avance-toi le museau.

Mon parrain me colla le nez sur quelque chose de dur et froid. C'était le pont.

— Essaie de le voir, regarde-le, il m'a fait.

Dans la brume, j'ai entrevu deux gros boulons sur une travée de béton qui en rejoignait une autre et se perdait là-haut. Nous sommes repartis seulement après que j'eus bien répété à parrain «comme j'étais content d'avoir vu le pont». Une demi-heure plus tard, j'étais enfin dans le terrier du parrain. Trois heures du matin, tombant de fatigue, cerné jusqu'aux gencives, droit debout, je répondais avec bonne grâce aux questions que me posèrent vingt fois de suite des lièvres curieux et agités, les enfants du parrain, tous des jumeaux: il y en avait six paires, je crois. Enfin, on me laissa, non sans que les aînés vinssent mettre leur poing sur mon nez en disant: «On a bien hâte de jouer avec toi demain».

C'était la première fois que je découchais. Les jumeaux et jumelles dormaient derrière des portes qui m'entouraient, car étant donné l'étroitesse du logis, le parrain m'avait foutu dans le salon en plein milieu du gîte, soulignant qu'il me donnait la meilleure place. À la lueur d'une petite veilleuse à chapeau rose, je m'assis sur un divan sec qui craquait. N'osant mettre mon pyjama, d'abord parce que je n'en avais pas et parce que j'avais une peur bleue que les jumelles me voient sans pantalon, je couchai donc tout habillé, et il devait en être ainsi durant toutes mes vacances.

Ma marraine était Algéroise. J'aimais beaucoup l'entendre parler et elle adorait me voir l'écouter, parce qu'aux mots que je ne saisissais pas, j'avais un air niais qui semblait l'enchanter. Sa phrase était musicale et sa voix douce. Mais les enfants étaient turbulents, tapageurs et très dégourdis. Ils ne parlaient que de sport, de bains, d'haltères et de gants de boxe. Quand les parents avaient le dos tourné, je ne manquais pas une occasion de les griffer, surtout les deux cadets qui constamment étaient sur moi à me jouer dans la chevelure que j'avais abondante et indisciplinée.

La maison du parrain était située derrière une rangée d'arbres centenaires remplis de chenilles et de saletés d'insectes; sous ces arbres pendaient des balançoires de cordes pleines de nœuds, pour les petits dont la joie était de se laisser tomber dans la boue.

Derrière la maison, il y avait un hangar et dedans des perroquets, des radios, deux singes, des laveuses, des boîtes de pétards, un carcajou*, de la farine, des machines agricoles et une stalle prête à recevoir un zèbre qui devait arriver du Sud. Car, en plus d'être commerçant, mon parrain était collectionneur d'animaux de cirque, qu'il «maquignonnait» avec les *Barnum and Bailey*. C'était un grand parrain à nez fin, à longues oreilles, aux griffes dures, aux flancs pleins de plaies, au poil sec, qui dans sa jeunesse avait fait le tour du monde, dont un stage en Afrique comme ingénieur de ponts, où il avait rencontré sa femme et pris un goût violent pour les bêtes rares. Il était très gentil avec moi, parlait lentement sans jamais s'emporter, mais avait le poing et le pied joyeux.

* * *

Le lendemain matin, je crois qu'il faisait encore nuit, le parrain me réveilla pour m'annoncer qu'il me faisait un cadeau immédiatement. Je comprenais mal que la joie de faire des cadeaux soit si difficile à retenir. J'avais hâte de voir ce que c'était. Mon petit déjeuner étant pris (un grand verre de lait de chèvre glacé), il se frotta les mains d'aise et me dit: «Viens, chanceux!»

Je le suivis dehors, dans le petit matin glacé lui aussi. Il me présenta une pelle, un râteau et une brouette et me désigna le hanger. J'ai dit: «Il est fou, il me donne le hangar, qu'est-ce que je ferais d'un hangar?» Non. Mon cadeau c'était de nettoyer ledit hangar, d'enlever le crottin des bêtes sauvages et de rafraîchir les nids des peroquets. Il me laissa à la porte, heureux, souriant, avec le râteau et la pelle en main. Dans son œil, il y avait comme une constatation qui signifiait: «Je suis content de te voir content».

---

* *Carcajou*: animal sauvage propre à l'Amérique, plus petit que le renard; mot indien signifiant *diable des bois*.

N'étant pas regardant au travail, je m'y suis mis avec ardeur. Mais ce qui me gêna, ce fut de voir par le carreau des poules, quelques heures plus tard, les jumeaux et jumelles qui s'amusaient follement au soleil à me lancer des balles de tennis par la tête, comme les clients font à la foire sur des têtes de bois.

Le soir même, de retour de la ville, mon parrain vint examiner mon travail en compagnie de ma marraine et des enfants qui suivaient, la bouche pleine de sable, et il n'arrêtait pas de répéter: «Ah! comme il s'est amusé. Comme il s'est bien amusé!» En montrant du doigt l'énorme tas de détritus africain que j'avais posé derrière le hangar, il se prit à rire en se tapant sur ses longues cuisses de lapin, comme s'il eût voulu dire: «C'est fou ce qu'il a dû rigoler en faisant cela!» Moi, des mèches plein les yeux et le dos rond, je n'avais pas d'autre ressource que d'acquiescer et de rire avec cette famille qui trouvait si drôle et si amusant l'accomplissement du travail manuel. Je ne savais plus si je devais m'ennuyer ou pas. Comme un chien chez ses nouveaux maîtres ne peut pas refuser de donner mille fois la patte, même quand il est crevé d'incertitude, je faisais le beau. On était gentil avec moi. J'attendais avec patience et résignation.

Le lendemain soir, il y eut une petite fête au village et vous pensez bien si j'y fus invités.

Nous sommes entrés sous les lampions qui pendaient du toit de la petite salle et nous avons pris place sur des chaises dures. Mon parrain était vraiment heureux, et il voulait que je le sois malgré moi. Je m'habituais difficilement à cette manie qu'il avait de me bourrer de coups de poing pour me marquer sa joie de me voir là.

Après une démonstration de gymnastique par les pompiers volontaires de l'endroit, une chanteuse très en voix et très sûre d'elle-même est venue s'exécuter dans des airs d'opéra avec des gestes remplis d'effroi. Évidemment, elle faussait un peu (dans ma savane on a l'oreille musicale), mais elle nous le faisait bien oublier avec sa mimique de reine en mal de mort. Mais quand je la vis loucher et battre violemment des doigts sur sa gorge avec des petits sauts terrorisés, je me demandais si elle ne chargeait pas un peu. Je compris tout de suite en me retournant: les jumeaux aînés, deux rangées derrière, s'amusaient à lui lancer des noyaux de dattes dans le visage.

Puis, ce fut le numéro du magicien qui demanda dès le début si dans la salle il n'y aurait pas un jeune homme qui lui viendrait en aide dans ses démonstrations de passe-passe. Je n'eus même pas le temps de me renfoncer dans ma chaise pour me cacher, que déjà mon parrain m'avait désigné, me tapant sur le crâne avec ses jointures et criant: «Lui, le voilà, ça lui fera plaisir».

Alors, pour me faire plaisir, on me hissa sur l'estrade, d'où je devais avoir l'air bien à l'aise avec le pantalon froissé (et pour cause), le pantalon trop long que mon frère m'avait prêté au départ. J'en avais pris mon parti que vraiment ce pays était celui du rire. Jamais je n'ai vu des gens si pleins de santé et si portés au rire. Le magicien me fit étendre la main droite et replier la gauche sur ma hanche. Il invita quelqu'un d'autre à venir actionner ma main qui était tendue, pendant que lui, de l'autre côté, sous mon coude, recueillait une liqueur dans un verre. J'étais une pompe. Et la liqueur me sortait au bout du coude. La foule se tordait et moi, je dois dire que j'étais figé, que j'avait toutes les dents sorties et que j'avais le dedans de la bouche sec comme du carton sec. Naturellement, le magicien m'offrit à boire. Je refusai, mais j'avalai quand même trois bons verres de cette liqueur fabriquée dans mon épaule.

Au retour de la fête qui fut jusqu'à la fin dans ce style plein d'exubérance, le parrain, sans vouloir le moins du monde me faire de reproches, me prit à l'écart et me fit comprendre que j'aurais dû penser un peu à ses jumeaux et les inviter à boire de la liqueur sur la scène. Il m'accusait de leur avoir fait de la peine. Au fond, il était bien injuste que je sois le seul, un soir de fête, à m'amuser comme un fou. Je lui fis promesse que la prochaine fois je serais plus généreux, mais cela ne suffit pas: je dus demander pardon aux jumeaux, qui me l'accordèrent sur-le-champ. Il m'appliqua trois bourrades dans les reins pour effacer tout ça et je suis sûr qu'il ne me tint pas rancune un instant de plus pour mon égoïsme.

* * *

J'avais écrit à chez nous une lettre bien appliquée, avec beaucoup de détails comme les aimait ma mère, pour leur raconter à tous ce qui s'était passé durant ces quatre jours. Mais le parrain, en bon papa qu'il était, vint prendre mes feuilles, demanda qu'on lui apporte ses lunettes pour lire ma lettre, puis la lut à sa femme qui suggéra de légères petites corrections. Ceci étant fait, il s'en fut dehors la lire aux enfants, puis, plume dans la bouche, je le vis s'éloigner chez le voisin par-delà le petite clôture blanche.

La lettre me revint deux heures plus tard... un chiffon...

Il l'avait déchirée sans le faire exprès en voulant la défroisser sur la table avec la paume de sa main. Devant ma déconvenue il se mit à rire, se fit apporter le pot de colle.

«Pauvre petit qui se fait du souci.»

L'ayant réparée, il s'en fut la jeter dans la boîte qui était au chemin, pendant que moi je me disais que j'avais quand même un parrain bien débrouillard.

La première lettre que mes parents ont reçue de moi, ils n'ont jamais pu la déplier, collée qu'elle était sur les quatre faces avec de la colle à bois.

* * *

Pour les menus services que je lui avais rendus depuis mon arrivée, mon parrain me remit trois dollars et me dit un matin: «Viens avec moi à la ville, que tu apprennes un peu le métier de commerçant».

J'étais heureux, d'abord de laisser la maison et les jumeaux pour une journée et deuxièmement, je me dis en moi-même: «Les trois dollars tombent bien, je vais m'acheter une paire de souliers parce que les miens sont finis». Ils étaient si peu d'aplomb sur le plancher quand je n'étais pas dedans, qu'ils piquaient du nez comme une goélette en mer.

En route donc pour cette magnifique ville de Québec, sise à une lieue, que je n'avais vue que sur les cartes postales ou dans mes livres de géographie. Ah! comme mon parrain voulait que je l'aime, sa ville! Son enthousiasme était bien superflu; elle me plus tout de suite avec ses rues étroites, ses maisons basses, ses murs lézardés, ses lucarnes qui regardent le fleuve lointain, ses gens si aimables et si plein d'esprit.

Sur la terrasse Dufferin, il me fallu sortir de l'automobile et suivre mon parrain qui m'avait pris le bras et de force, me colla le dessus de la main, me la râpant un peu sur la brique du château Frontenac. Il fit la même chose sur la maison de Montcalm, sur le séminaire de Québec, sur les Remparts et me fit baiser les plaines d'Abraham*. Comme je vous dis. Avec politesse tenace, il me fit mettre à quatre pattes, en chuchotant: «Baise l'Histoire, toi, fils de France».

Et devant quelques Québecquois stupéfaits, je m'exécutai et baisai l'Histoire à deux pouces d'une flaque de boue. M'éloignant de là, je me retournai et j'aperçus les Québecquois quittant leur banc pour venir voir à terre l'endroit ou j'avais baisé l'Histoire.

Devant une maison industrielle de la rue Frontenac, mon parrain arrêta le moteur et me dit: «J'en ai là-dedans pour quatre heures. (Il aurait dit quatre jours que c'eût été pareil.) Fais ce que tu voudras, promène-toi un peu, regarde les vitrines, monte et descends les côtes. Ou mieux que ça, va donc là-dedans dans cet hôtel en face et demande à visiter le poste de radio. Ça ne coûte rien, c'est un endroit public.»

Il disparut avec des papiers et des boîtes de pétards qu'il

---

* Plaines où se déroula le combat décisif pour le sort du Canada, au cours duquel périrent Montcalm et Wolfe en 1759. (NdÉ)

voulait changer parce qu'il avait plu dessus.

Quatre heures devant moi. Cette totale liberté me fit peur. J'usai la première demi-heure à regarder passer les gens, renfoncé que j'étais dans un coin de l'auto. Puis je me dis: «Je vais d'abord aller m'acheter des souliers. Si le commis veut que je les essaie, je prétexterai que je suis pressé». Mais la raison, c'est que mes chaussettes étaient si trouées, que, depuis belle lurette, j'avais rabattu le derrière du bas à la place du talon, et replié le devant sous les orteils. Au fond, ce n'était pas des chaussettes que je portais, mais des carrés de laine pliés dessus-dessous, à la bonne franquette, comme de petits cataplasmes.

— Bonjour, jeune homme, qu'est-ce que notre maison peut faire pour vous aujourd'hui?

Les gens de Québec sont vraiment polis. Je n'avais pas touché la porte du magasin qu'il y en avait quatre au-devant de moi pour me servir et j'en vis même sept ou huit autres, appuyés derrière le comptoir, jarrets tendus, qui auraient bien voulus s'élancer, mais leurs confrères, plus rapides ou moins myopes, les avaient devancés.

— Je veux un soulier.

Je ne sais pas pourquoi j'ai dit: un soulier. Sûrement que je voulais la paire, toujours est-il que, à peine ai-je fini ma demande, le petit bonhomme qui me sert pivote et crie dans un français impeccable:

— Monsieur Simon, monsieur Simon, un chapeau pour le jeune homme. Allez jeune homme, suivez monsieur Simon à l'entresol.

— Mais...

Et je suis pris au bras par M. Simon, un grand vieux tout blanc, asthmatique mais sympathique, à la figure indulgente et démarche volontaire, qui s'est précipité sur moi comme sur une proie. Il m'a conduit sans discussion au rayon des chapeaux. Mais qu'est-ce que je fous devant des chapeaux? Je veux dire que c'est des souliers que je désire, mais les mots ne viennent pas, d'ailleurs tous les commis sont convaincus que je suis venu là pour m'acheter un chapeau, pourquoi les contredirais-je? D'autant que j'ai déjà un chapeau sur la tête; je me vois approcher dans la glace que dirige sur moi M. Simon. Je vous ai dit qu'à l'époque j'avais la chevelure indisciplinée; jamais je ne l'ai si bien constaté que devant cette glace. Avec le bout de ses longs doigts, M. Simon, en employé consciencieux, fourre des étoupes de cheveux sous le chapeau et essaie de le caler sur ma tête. Le chapeau s'arc-boute, M. Simon aussi, il bondit sur le côté, revient à l'arrière, file devant, il est partout; je le sens qui me tord les oreilles, qui me pile sur les pieds, qui me colle au long d'une table. Il essaie un autre chapeau, puis un autre. Il se fâche avec un sourire, dépose son cigare dans ma main et réussit à m'en caler un par-dessus le voyage de foin que je porte. Je ne vois rien, mais j'entends souffler l'homme et de ce moment je suis bien résolu à me laisser faire, ne risquant plus de passer pour un imbécile, la chose étant déjà faite. Il peut, s'il le veut, me couper le cou. Je me dis que je suis bien content que cela se passe sur ma tête. Qu'aurait-ce donc été si ces braves gens avaient compris «souliers»?

Je paye et je sort de biais, avec sur le chef un chapeau vert gazon, portant ruban d'un autre vert plus foncé, derrière lequel pointe une aigrette verte, aussi grosse qu'un blaireau à barbe. Je ne sais si ça rit alentour. Je m'en fous. Je suis bien content de toucher la porte et de sortir. Je pousse le cynisme jusqu'à hésiter sur le pas de la porte et à regarder nonchalamment la vitrine. Je m'éloigne paisiblement en client qui veut flâner. Mais aussitôt l'édifice dépassé, je m'enlève le chapeau et je cours à toutes jambes me réfugier dans l'auto de mon parrain où je fourre ledit chapeau sous le coussin parmi les outils et les guenilles pleines d'huile à moteur.

Un lièvre qui a du poil comme j'en ai, a aussi de bonnes griffes. Je m'en sers pour me peigner, m'aplatir les cheveux autant que possible et j'ouvre la portière, pour me diriger vers l'hôtel où est installé le poste de radio en question.

Comme je traverse la rue, quelqu'un du trottoir me demande un renseignement:

—La rue Saint-Ignace?

— Quoi?

Me voilà au milieu de la rue bloquant la circulation, expliquant à l'homme, sous une nuée de klaxons en colère, que je suis étranger et que je ne connais pas la capitale. Après avoir failli me faire coincer dix fois, je suis de l'autre côté de ladite rue, en face de l'hôtel, où c'est écrit sur le flanc: POSTE RADIO, *deuxième étage*.

Le portier, galonné et astiqué comme un général, me reluque et me déshabille de l'œil. Je fais la voix sévère et je lui demande où il est, ce poste radio.

«Au deuxième!» qu'il me fait, en montrant trois avec ses doigts.

Je remercie et je fonce. Je ne vois pas l'escalier qui est à gauche, je manque l'ascenceur et me voilè dans un couloir qui mène à la cuisine, où un chef-cuisinier, nu jusqu'à la ceinture, me regarde perplexe.

Je m'excuse et sors. J'essaie de revenir sur mes pas, mais je me perds complètement pour aboutir dans le grand salon où les millionnaires jouent aux cartes derrière d'énormes verres de bière. Pour reprendre mon souffle et mon aplomb, car je sens que je m'énerve, je m'assois négligemment dans un fauteuil qui renfonce jusqu'au plancher, et, un journal à la main, les genoux de chaque côté des oreilles, me voilà que je fais semblant de lire. «*Card, please*», me fait un drôle de lièvre, avec un sourire carré et des yeux comme des trous de fusil.

Je lui rends son sourire, me lève et gagne la porte. Je ressors au bout d'un couloir par une autre porte qui débouche sur la salle des dames... Finalement me voici dans une rue que je ne connais pas. Je contourne le bloc et je repère l'auto là-bas et mon portier à son poste. Je respire. Après une méditation de quinze minutes dans l'auto, je me dis: «Pourtant ce poste, il faut que je le voie!» Je ne m'avoue pas battu.

Je renfonce, dents serrées. Le portier inquiet me dit de prendre l'escalier; ce que je fais. Aisément je trouve la porte où c'est marqué: POSTE RADIO. J'ouvre et, à une jeune fille assise derrière un bureau, je demande à visiter. On me fait visiter. Un gros homme gras, à grosses dents, à cheveux noirs et collants, rond de partout, impeccablement mis, me demande qui je suis, ce que je fais, d'où je viens, ce que je veux, et me dit:

«Voilà, je t'engage. Tu commences demain, annonceur. Signe ici. Viens que je te présente aux autres. Tu seras heureux, c'est la maison du bonheur.»

J'y suis resté trois ans.

Chapitre II

Ce que j'ai appris dans ce poste radio avec des lièvres-citadins et comment mon oreille s'habitua difficilement à la rumeur de la ville et mon cœur, jamais, au tic-tac pressé de la course inutile.

Sans que jamais j'y aie pensé, sans que je l'aie demandé, il me fut donné à moi, lièvre des lointaines savanes, de pénétrer tout d'un coup, sans préparation, dans ce monde que je croyais inaccessible et réservé au très petit nombre d'élus: le monde des lièvres-artistes.

Pas comme artiste, bien sûr, mais comme témoin, comme employé, qui, s'il veut ouvrir l'œil, et il ne lui est pas défendu de le faire, peut gratuitement apercevoir des artistes, là, devant lui, derrière la vitre, dans le studio. Faisant semblant de rien, d'aller boire ou d'aller téléphoner, il peut en frôler un dans la salle d'attente. Il n'a qu'à ouvrir l'œil, ou la porte, ou le guichet et très souvent il en verra là, debout ou assis, ou sortant ou entrant.

J'ignorais la nature et presque jusqu'à l'existence de cet animal (à part un vieux lièvre-conteur ou chanteur de par chez nous; mais lui, c'est caché). J'ai donc pu approcher ces êtres de prédilection, privilège dont je devais garder longtemps la fierté.

Si j'en ai vu!

Avec des cannes, sans cannes, avec des gants, ou sans gants, des folâtres, des bohèmes, des poils-ras, des guindés, des sanglés, des cinglés, des gros avec un gros masque de douleur, des petits avec évidemment un plus petit masque de douleur, des tragiques qui se faisaient la voix partout: au téléphone, au restaurant, aux lieux d'aisances, non pas de ces lièvres-cabots qui prennent des poses, mais des sujets à qui les poses se jettent dessus. J'en ai vu des muets, moitié assis, avec la griffe sur le front, d'autres râteliers dehors, les omoplates bien appuyées au mur des gîtes; ils faisaient semblant d'écouter l'histoire d'un confrère qui lui se fourrait les pattes sur les fesses par-dessous la ceinture, d'autres avec des tignasses deux fois longues comme la mienne, d'autres avec des chaînes qui leur descendaient à mi-jambe et qui remontaient dans la poche; j'en ai connu un, édenté, qui mettait la veste à l'envers pour se protéger l'estomac contre les courants d'air.

Non contents d'épater par le talent, ces sacrés lièvres épataient par autre chose encore. Mais quand j'ai vu les jeunes prodiges-lièvres de la hauteur d'une botte de foin, surpris, presque honteux d'avoir du génie, suivis de leur maman, à poil soigné et à l'air modeste, qui derrière sa garde vigilante ne désirait qu'une chose: un contrat, un scandale, un enlèvement, un engagement, n'importe quoi pour qu'on parle un peu d'elle dans la page artistique du journal, moi, habitué qu'à l'écorce des bouleaux, au soleil sur la neige derrière la souche, à l'ombre d'un renard qui entre le soir entre chien et loup, mes yeux de campagnard eurent mal comme on regarde le soleil de midi.

Non, je n'avais pas fini d'en voir.

Je travaillai donc dans ce terrier, qui, à l'époque, m'est apparu grand, bien aéré et moderne, mais à y repenser dans le recul, il était plutôt étroit, assez bas et sombre.

N'importe, c'était le premier de la ville, que dis-je, de la région et du comté.

À nous fut donné l'honneur d'être entendu par les vulgaires lièvres du dehors qui, le museau en l'air, se demandaient bien comment nos voix pouvaient se promener sur les ondes. Quand tout marchait bien, qu'il n'y avait ni tempêtes ni interférence et que l'électricité était en forme, on pouvait clairement nous entendre de trois rues plus haut, même du château Frontenac.

Moi, je vivais une fable de fée.

* * *

Quand j'appris la nouvelle à mon parrain, il recula de deux grands pas militaires, le museau plissé, et se mit à me regarder comme si j'avais volé ou comme si j'avais intimidé quelqu'un pour avoir un emploi de si haute importance.

«Nous, on paye pour les voir une demi-heure, et toi, on te paye pour passer tes journées en leur compagnie.»

Il s'en fallut de peu qu'il me traite de sorcier ou de serpent (noms servant à qualifier la déchéance d'un lièvre). Puis quand la nouvelle se fut bien logée dans sa tête, de joie, il fonça sur moi, m'aplatit d'un coup de patte sur le crâne, et bousculant chaises et cendriers, il se roula avec moi sur le tapis du salon jusqu'à épuisement. Il me soulevait pour me laisser retomber sur les coins de fauteuils tant sa joie était impérieuse.

Je me souviens qu'il essaya par dix fois de téléphoner chez nous là-bas, pour leur apprendre la nouvelle, mais il était si nerveux qu'il n'arriva jamais à composer les chiffres. D'ailleurs je me suis toujours demandé quels chiffres il essayait de composer, puisque chez moi nos n'avions pas le téléphone.

Les voisins du pont, en procession, vinrent me voir et me toucher et me questionner. Je n'avais pas d'autre choix que de me laisser regarder, debout, au milieu de la place.

Il paya une salade et de la liqueur à tout le monde, me força à jouer du piano que je ne savais pas jouer, et après une soirée touchante sans qu'on eût oublié de faire des adieux aux animaux du hangar, il me conduisit avec mes paquets dans une petite chambre de la ville, une chambre sous les combles d'une maison de pension qu'il m'avait trouvée et que je devais habiter durant tout mon stage à Québec.

Qu'avais-je fait, mon Dieu, pour mériter tant de chance et d'honneur, pendant que mes frères étaient là-bas dans la savane, bien loin derrière la montange, pendant que d'autres jeunes lièvres de mon âge étaient mineurs sous la terre, d'autres en prison, d'autres sur des bateaux infects dans des mers ennemies?

C'est la question que me posa souvent mon patron. Si souvent, que j'arrivai moi aussi à me la poser. Qu'avais-je fait pour arriver à ce point glorieux alors qu'a peine je sortais du collège?

C'était en me posant une si excellente question que je mis en fuite le désir d'un petit congé, d'une demande d'augmentation ou la perspective de monter en grade.

* * *

Alors donc, yeux bouchés, oreilles bouchées, cœur scellé, n'ayant aux lèvres que le mot servir, les accus étaient chargés pour filer ainsi le vrai bonheur pendant au moins un an, sans la moindre allusion au traitement ou à la vie qu'on aurait voulu améliorer. On travaillait et on était heureux, mais d'une joie à l'emporte-pièce, sans restriction ni arrière-pensée, une joie carrée, en série (si je puis dire).

Le patron avait comme principe, d'ailleurs il donnait l'exemple, que plus on travaille plus on est heureux. Mais il fallait s'entendre sur la définition du mot travail. On entendait par un lièvre qui travaille, un lièvre qui souffle, qui a chaud, qui court, qui s'affaire, qui gesticule, qui s'endort et tient debout, qui file, qui fonce, qui disparaît pour un programme, qui revient en faire un autre, qui parle vite, beaucoup, longtemps, raide, sec, net, qui marche, qui obéit, qui s'incline, qui avale les heures comme on avale de la soupe.

Alors c'était à qui travaillerait le plus et le plus fort, et le plus loin dans la nuit, et le plus tôt le matin, et le plus longtemps à rester debout, le plus vite à monter les escaliers, un défi à tout marathon.

Des idées? Les lièvres qui en avaient, on les appelait les «tristes». Non, non. Du sérieux, de la logique, de l'action, de l'ordre, de la discipline, pas de paresse, ni de pose ni d'hésitation. Des plats tout cuits, tout faits, tout approuvés, tout désignés. Tant pis pour les indigestions. Quand on nous dit: «Prends-le pendant que ça passe», c'est donc qu'on a la petite inquiétude que ça ne durera pas, alors on met les bouchées doubles. C'est le système que nous honorions avec toute la fougue de nos vingt ans. Les poseurs de questions, les douteurs, les insatisfaits, ceux qui ne répétaient pas leur slogan de santé tous les jours, ceux qui se laissaient prendre à la tentation de réfléchir, n'étaient pas dans la course pour longtemps. Ils retournaient d'eux-mêmes à leurs savanes toutes sales.

Oui! Si nous nous sommes amusés!

J'en ai vu cracher le sang avec un sourire de vainqueur qui voulait dire: «Faites-en autant!» D'autres, se traîner de fatigue d'un studio à l'autre, en s'aidant aux chambranles des portes, les yeux vitreux et la barbe dégoûtante, mais la bouche fendue de rire jusqu'aux oreilles. On n'avait qu'à se regarder pour s'enhardir et se donner du courage. L'un était-il sur le point de «faire de la toile»? On le transportait dans la discothèque pour lui donner des piqûres de musique militaire à pleins tubes. On serait mort là derrière le micro, un numéro de téléphone à la bouche, tant on aimait le travail. On aurait haché en petits morceaux le lièvre qui se serait avisé de venir nous dire qu'on n'était pas heureux.

Pensez aussi à la nouveauté de tout ceci: tout. La moindre minute dans l'air était inédite. Tout ce qu'on faisait, tout ce qu'on entendait, ce qu'on jouait, ce qu'on lisait, était de l'authentique, de l'inédit, du neuf. Alors à des esprits jeunes et curieux, la nouveauté de tout temps a brillé d'un attrait irrésistible.

La première question que posait le remplaçant au saut du lit, c'était: «Qu'as-tu dit, qu'as tu fait pendant que je dormais, que s'est-il passé?» On voulait tout savoir, ne rien manquer. Et les gars du service de nuit relisaient les annonces commerciales qu'avaient lues au micro les gars de service de jour, et vice versa.

Heureuse époque! Course vers le bonheur! Discours politiques, recettes culinaires, sermons, jazz, interviews, chansonnettes, nouvelles, galopades déchaînées sur les ondes, chevauchées fantastiques dans la brume des rêves, tam-tam de cauchemar, la furie, l'abîme, mille voix dans l'oreille, mille orchestres, mille musiques. Le silence était notre pire ennemi. Ça vous étrenne un lièvre, dans son premier contact avec les adultes!

On n'avait pas le temps de se demander où cela nous conduirait, où même on allait, mais une chose sûre: on y allait.

Le quart d'heure de la buanderie avec musique d'opéra, le quart d'heure de la lessiveuse avec quatuor à cordes, le quart d'heures des pâtes dentifrices sur la symphonie de Schumann, les cafés (et leur personnalité), les savons pour lapines de tout poil (au point que des bulles sortaient de nos bouches et des haut-parleurs, flottaient dans l'air du poste): «Je te tuerai, tu l'as tué, retue-la, allo, venez vite, à moi, quatre vampires sous mon lit». C'était le drame. «Ti-Gusse va astheure nous déboutonner le *reel** du poney jusqu'à ce que mort s'ensuive et que la compagnie tombe sur le plancher, en place pour un set à mort. Quenez-ben vos tuques**», les bonnes veillées du temps jadis. «J'ai deux grands bœufs dans mon étable, le soir ils mangent à ma table, je les assois sur mes genoux, dodo, dodo, faites un gros dodo», et tout ce joyeux tumulte se terminait par une chanson du vieux répertoire, chantée en chœur par le personnel au complet, qui, enragé de servir, venait là presque tous les soirs, comme des fanatiques. Souvent, l'annonceur en devoir faisait pitié à

* Danse écossaise.

** Bonnet de laine.

regarder, avalant ses sanglots à la fermeture des émissions. Et le patron, premier arrivé, dernier parti, le melon sur la tête et la larme à l'œil, restait debout dans le contrôle, écrasé de joie, comme si on lui remettait chaque soir le prix Nobel.

Puis, il y avait les nouvelles qu'on lisait dans les deux langues. La question ne se posait pas si on était bilingue. Les annonces-éclair du midi précédaient les nouvelles, chacune étant présentée par un son différent: ding, sur un timbre, l'annonce des autos; trois coups de tambour, l'annonce des *peanuts;* tire la chaîne du coucou jusqu'à six, pour l'annonce d'un pain; la clochette du collège pour l'annonce d'une céréale; le coup de clairon pour le marchand de musique; sonner l'heure avec un marteau et la dire précise, courtoisie d'un bijoutier; la température en jetant un coup d'œil à la fenêtre et annoncer «incertain»; rire d'un gros rire de santé avant l'annonce d'un tonique fait d'herbages; frapper à la porte et s'exclamer: «Madame est servie» et «hum, hum, la soupe est bonne»; siffler pour l'annonce des taxis; grogner avant l'annonce des pilules et chantonner en les avalant. Alors commençait la lecture des nouvelles internationales, nationales, locales. Ça fait que vous imaginez facilement le *ding-zoot-paff-bang-whiz-cou-boo-woof-swit-dond-ta-flutt-grrr, que ça donnait.*

Le lièvre-annonceur au sortir de cette épreuve (comme un œuf cassé sur le plancher) était bon à être ramassé avec une petite cuillère; mais il riait de joie, le brave, d'une joie frisant l'hystérie, non parce que ça le payait, mais il pouvait fièrement se dire: «Si maman m'a entendu elle doit penser que je suis un champion».

Vous arrivait-il de vous penser bon et d'espérer promotion? On vous disait avec mélancolie dans l'œil: «Pourquoi je te garde ici, toi, lièvre encombrant que j'ai ramassé dans le ruisseau, tu prends la place des bons, cours vite, on perd du temps». Vous arrivait-il de traîner la patte? On vous faisait miroiter les sacs d'écus, les liasses de chèques, les voitures à la porte, la gloire, le ranch, la célébrité et la direction. «File vite, on perd de l'argent.»

Cahin-caha avec nos vingt ans bien plantés sur les épaules, on prenait les rues de Québec et à la course on allait dormir deux heures, pour reparaître frais et dispos pour une autre ronde de six heures.

* * *

En dehors de cette joie qui était comme la signature reconnue de la maison, nous avions quand même nos propres joies à nous, assises sur l'amitié, l'espérance et l'apprentissage d'un métier qui pouvait nous mener à la maison de santé.

Nous avions un congé de six heures par quinze jours. Moi, je passais le mien chez moi, comme un lièvre-musicien, dans la chambre de toilette où je m'enfermais pour apprendre la guitare; car dans ma chambre, que je partageais avec un lièvre-étudiant à poil roux et un lièvre-employé au ministère de la Santé, la musique aurait pu gêner.

Avec l'argent que je faisais (on ne savait plus quoi en faire), je m'achetai aussi (à crédit toujours) une motocyclette d'occasion qui refusait de rouler dans d'autres vitesses que la grande. Pour faciliter le démarrage, je stationnais toujours au sommet d'une côte, dans laquelle je me laissais descendre tous feux éteints, et soudain j'ouvrais tout. C'était le système suggéré par le vendeur. Je sortais la nuit. C'était agréable pour les voisins qui me lançaient des pots d'eau sur le costume. Je ne réussis qu'une couple de fois à sortir de la ville, d'abord parce que je ne pouvais plus arrêter et surtout le temps me manquait.

À ma première sortie, ne trouvant pas d'endroit assez large pour me tourner sans modérer de vitesse, je visai un tas de foin à distance et fonçai dessus par la barrière, qui, heureusement, était ouverte. J'eus bien du plaisir avec les habitants de l'endroit. Hélàs! ils n'avaient pas de radio et n'ont jamais voulu croire que j'y travaillais.

J'eus idée une fin de semaine, comme deuxième et dernière sortie, d'aller chez nous, leur parler de ma nouvelle vie. J'avais pris la précaution de glisser dans mon gant un vingt cinq sous (mon droit de passage sur le pont de la Pérade*) que je devais lancer ni plus ni moins à la face de l'officier en faction devant le pont en lui criant: «Je ne peux plus changer de vitesse, mon moteur ne repartira plus». La chose arriva telle quelle. Heureusement que le gardien comprit, sans quoi je couchais sûrement dans les parages. Je fus même rejoint par un agent de la circulation qui me demanda s'il pouvait m'aider de quelque façon. J'arrivai chez moi vers cinq heures du matin ayant roulé trois heures. Personne n'était levé à la ferme. Je m'en fus donc me coucher dans l'étable, car j'étais transi, gercé, crevé, cerné, jaune, malade, fatigué. Mais quelle joie de revoir la paille et mes frères les animaux!

On ne prenait pas le poste où je travaillais. Je dis à mon père que ma meilleure émission était à huit heures le soir. Il me fit cette jolie réponse: «De toute façon, la nuit, nous, on dort».

Ma surprise fut de constater que les promesses de mon nouvel état ne les fit pas tomber sur le dos. C'étaient des lièvres très sages et très calés en connaissance de l'homme, que mes lièvres de parents. Il m'en a fallu un temps pour comprendre ça!

Après un bon déjeuner et une bonne heure de «crinkage**» de ma moto, je repartis pour Québec, une petite nostalgie de la savane de mon enfance au cœur, et filai droit au poste où je devais prendre la parole à midi pour la lâcher sur les petites heures de la nuit.

* * *

Naturellement, petit à petit, avec l'équipe de lièvres dévoués que nous étions, notre rayonnement s'étendit jusqu'aux dernières rues de la ville, et notre réputation aussi. Étant la

---

* Pont qui enjambe la rivière Sainte-Anne dans le village de Sainte-Anne-de-la-Pérade.

** De *crank*. Manivelle de mise en marche.

source d'information nouvelle et finalement acceptée, nous étions mêlés malgré nous, du premier au dernier des employés, à tout le sensationnel qui arrivait ou qu'on faisait arriver dans la ville. Par exemple, un journal, pour hausser son tirage, annonçait-il la fin du monde, on recevait des téléphones de lièvres affolés, demandant à quelle heure on en commençait la diffusion. Un repris de justice s'évadait-il de la prison? Nous tenions notre public, qui avait l'oreille longue, informé à la seconde des agissements du criminel. Je me souviens d'un pauvre diable de lièvre malheureux qui s'était évadé et dont on suivait les faits et gestes par bulletins spéciaux. Deux énormes policiers à tête d'enfant nous reconduisaient chaque soir chez nous, par crainte de représailles. Le pauvre diable en question fut finalement cerné dans une maison de cultivateurs, qu'il avait vidée de ses occupants, par une quarantaine d'habiles policiers armés jusqu'aux dents et précédés d'un vieux curé en «capot de poil» (manteau de chat sauvage). Bravement, ce curé avait foncé vers la maison, tenant sur son ventre, comme un bouclier, un énorme tableau avec cadre de bois représentant la Sainte Famille. Quand il ouvrit la porte, il trouva le coupable à moitié mort de frayeur et de faim (car il est de la nature des lièvres, même des lièvres-bandits, d'avoir faim et peur) qui écrivait ses volontés sur un dos de calendrier. Il fut ramené triomphalement à travers les rues de la ville, comme un rat.

Qui n'a pas connu la queue leu leu des amateurs, des vedettes, des cabots, des *has been**, des génies, des incompris, tous lièvres amers avec le bec (c'est le cas de le dire) en grimace de dégoût et de mépris, n'a rien connu de l'humanité du bon Dieu. Des lièvres-écrivains maigres et laids venaient nous demander si les textes on les voulait en vers ou en prose, d'autres nous présentaient leurs fiches autobiographiques, la plupart avaient débuté à la scène à l'âge de cinq ans, mais avaient eu reconnaissance publique à six ans

---

* Ceux qui furent.

et demi seulement (ils avaient patienté tout ce temps-là), d'autres en étaient à leur cent huitième pièce de théâtre jamais jouée, et toute espèce de saugrenus numéros qu'on recevait chaque jour entre deux cafés forts. Le patron lui-même, très intelligent, était un original reconnu. Une personnalité religieuse parlait-elle à la radio? Il faisait sérieusement la génuflexion devant l'appareil installé dans le hall à deux pas de la porte de sortie. Quand l'appareil faisait de la publicité pour de la bière, le patron se sentait obligé d'en prendre. Il faisait à peu près tout ce que son appareil lui dictait, et comme sur seize heures d'émissions, la machine ne se privait pas de petites sottises, le patron a connu des moments qui auraient follement amusé les psychiatres. On le vit une fois, le pauvre, passer à travers une portée vitrée jusqu'en bas, fermée à clef, déposer ses papiers sur le bureau qui était là où sa silhouette était dessinée, et tomber sans connaissance dans les bras de lièvres à moitié morts de rire, d'un rire compatissant.

Je revois cette jolie jeune fille qui se présenta sous le nom de Schu Tartisse. Était-elle russe? Pourtant elle ressemblait à une Canadienne, mais à y regarder deux fois, elle avait un petit côté slave dans l'œil. Finalement on comprit que Schu Tartisse n'était pas son nom, elle s'appelait Bien-Aimée Beaufond, et que Schu Tartisse, qui nous avait tant effrayés, signifiait tout simplement: «je suis artiste», mais dit avec mauvaise diction et mauvaise liaison.

Ce qui m'amène à vous parler d'une espèce de dégoût qui s'empara de moi et me donna violente soif de retourner dans la savane neigeuse de mon père sous les sapins aux larges palmes noires.

* * *

Je fis la connaissance d'une petite fille-lièvre de même poil que moi, de même âge et de même taille. Alors, je l'aimai et elle m'aima. Elle était serveuse dans le restaurant où je mangeais, mes deux sandwiches quotidiens avec laitue. Elle me trouvait beau, grand et fort. Sur les murs de ma chambre j'avais recopié des vers du grand lièvre Verlaine. Nous rêvions tous les deux, à ma fenêtre, donnant sur le petit cimetière de la rue Saint-Joachim, serrant bien fort dans nos mains ce petit bonheur, ce premier bonheur qui nous arrivait à tous les deux sans qu'on sache d'où il venait. La nuit, nous allions nous asseoir sur les pierres tombales du cimetière (ma chambre étant envahie par les étudiants et les amis de mes deux camarades). Nous parlions de mort, puis nous éclations de rire en nous embrassant. Je lui parlais de l'être, un être qu'avait fabriqué mon imagination et me tenait lieu d'ami, un être si grand qu'il buvait à même le fleuve, une main sur chaque rive; il pouvait prendre le pont de Québec, le mettre sur son coude et aller le déposer à sept lieues, il pouvait faire pivoter sur lui-même le château Frontenac, comme on fait pivoter le roi aux échecs; quand il faisait un pas, il prenait garde ne ne pas écraser un village. C'est parce que la petite disait: «Comme tu es puissant d'avoir un tel ami dans ta tête» que j'étais presque content d'être faible et pas méchant avec les forts.

Nos rencontres finissaient par un sandwich et un café que nous allions prendre à son restaurant.

Voilà que je fis la rencontre d'un Français, espèce de lièvre-pitre de théâtre, photographe, clown, chanteur, auteur, danseur, menteur, qui avait roulé sa bosse jusqu'en Orient. Il me dit: «Qu'est-ce que tu fais là, toi? Va t-en!»

Il me jeta le poison du départ, dont j'avais envie, de tout quitter, de mépriser la femme, l'argent, le monde, la gloire, tout le bazar, et de partir.

Je fis quelques voyages à Montréal la Grande, d'où je revenais bredouille, étant mal léché et mal peigné. Franchement, voilà que les jours me parurent longs et détestables. Je n'arrivais plus à trouver drôle mon existence de lièvre, attelé à des charges trop lourdes pour mes épaules, dans des côtes qui n'en finissaient pas de descendre.

L'idée de partir me hanta, comme elle hante ceux qui ont vingt ans, partir n'importe comment, disparaître. Ce fut l'époque des marches de nuit dans Québec sur les feuilles mortes et sur la neige en compagnie du Français qui me disait: «Va-t-en» et de la petite qui pleurait derrière. Je donnai ma démission et je sortis de la cité, disparu serait plus juste, sans adieu, sans adresse, une nuit de février, celle qui est terrible de vent et de colère.

Je m'en fus à mon point de départ, c'est-à-dire chez mon père, en plein hiver, par le train de nuit.

Après avoir marché dans la neige et le froid de la gare à chez nous, tirant mon baluchon et ma peine, je frappai à la porte paternelle. Tout endormi, mon père vint m'ouvrir et après m'avoir reconnu, cria aux autres de la maison:

— C'est le Québecquois qui vient passer la nuit.

Je lui dis:

— Non, je suis revenu pour toujours.

On se regarde tous les deux. Il me dit:

— Tu ne travailles plus?

Je lui dis:

— Non, j'ai laissé mon emploi.

— Heureusement que tu as de l'argent, qu'il me dit.

Je lui dis:

— Non, plus pauvre qu'avant.

On se regarde encore, et, tout découragé, il me fit:

— Va toujours te coucher, on verra demain.

Je traînai mes os maigres de lièvre et mes cheveux longs et ma carcasse bien fatiguée jusqu'à mon ancien lit et, dans le noir, je réalisai que j'avais fait une bêtise, que j'étais sans travail et sans avenir. Un trou se creusa devant moi.

À ces moments, pour les lièvres, il est une soupape que le bon Dieu a faite pour que s'échappe le chagrin. Ce qui coule s'appelle des larmes. J'en usai abondamment.

À la table du déjeuner, le lendemain, avec le soleil qui filtrait par les fenêtres pleines de givre, l'espoir monta tranquillement, car à la campagne il y a toujours une petite lumière qui vacille à l'orée du bois, et devant la famille réunie, à l'unanimité, je fus fait «bœuf-man», c'est-à-dire: homme des bœufs.

Chapitre III

Comment j'appris le métier de «bœuf-man» et comment, au contact de la nature, me revinrent mes forces, mes farces, mes espérances et ma joie d'être lièvre-campagnard.

Il est une joie très simple dont sont privés les lièvres-citadins instruits, c'est le port des vieux habits de travail.

Un de mes premiers gestes, après avoir repris contact avec les habitants de l'ancien gîte, fut d'endosser mes vieux habits de lièvre-paysan, figés dans la penderie de ma chambre, et de filer dehors en plein champ, en plein vent, vers le ruisseau qui coupait la terre en deux, près duquel, à dix pieds, priait dans la neige un vieux bouleau gris à écorces frisées, le bouleau de mes amours. Je relus les noms de fille-lièvres qu'autrefois j'y avais gravés et en m'amusant je rajoutai le nom de celle qui attendait mon retour à Québec.

Adossé au tronc de l'arbre, vent dans le dos, je regardais courir la poudrerie* sur la croûte de neige rendue rose par le soleil de trois heures.

Je voyais mes propres traces s'emplir, s'égaliser et disparaître totalement.

---

* Neige que le vent soulève et pousse en tourbillon.

Calmement, cette image me signifiait: «Oublie tout et recommence. Tu n'es allé nulle part, tu es neuf, tu n'as rien vu, tu es seul bien que tu vieillisses; c'est le premier jour du monde.»

J'étais seul et je l'avais toujours été.

Je fis un détour dans le nu des champs, toucher les clos, tâter un peu le vieux pont de bois. Et derrière une petite pente où il y avait quatre petits aulnes tout serrés l'un contre l'autre alentour d'une quenouille*, je me baissai, je me fis tout petit comme une bête traquée dont on a perdu la trace. Il me semble que j'écoutais les chasseurs s'éloigner pour de bon et je respirais mes premières minutes de liberté, avec l'envie de rire comme si j'avais échappé à la mort.

Dans ces moments-là, on se dit: «Quand même, comme on est bien d'être lièvre! Comme c'est joli ce qu'on voit à hauteur de lièvre.» Et sans bouger, les yeux fermés, on presse le pays sur son cœur, lui qu'on accable de fautes, quand on sait si bien que la faute, c'est l'homme.

* * *

Vous savez tous que pour enrichir les terres sablonneuses, on y étend de la glaise, et les terres glaiseuses, du sable. La nôtre était sablonneuse, donc, il lui fallait de la glaise. Et cette glaise se trouve au milieu de la forêt ou en plein marais. On n'a qu'à creuser; c'est lourd et mou comme du beurre et ça gèle pas. Cette terre bleue se ramasse avec une pelle de fer, se dépose sur un traîneau bas, tiré par un cheval ou un bœuf et on n'a plus qu'à aller l'étendre sur la prairie qui en a besoin.

Ce travail s'effectue l'hiver, à cause du transport rendu facile sur la neige, et aussi parce que, à cette saison, sans mouches pour vous piquer les paupières et coups de soleil pour vous faire des nœuds sur la nuque, les cultivateurs disposent d'un peu plus de temps.

---

* Roseau des marais.

— Mais à la fonte des neiges? demandent les enfants.

— La neige fond, mais pas la glaise, elle reste là et se mêle au sable.

«Bœuf-man» est celui qui mène le bœuf au travail. C'est un terme très peu usité, pour ne pas dire jamais, fabriqué par mon père, qui en plus de fabriquer son tabac à la maison, fabriquait aussi son vocabulaire. Il ne disait pas un chapelet, mais un «hale-grâces», il ne disait pas un camion de bière, mais de «chicane», un fouet c'était un «consolateur», une barre de fer un «crayon» et un appareil de télévision, sa dernière trouvaille, un «tête-œil».

J'attelais mon bœuf sur le traîneau plat et le dernier, parce qu'un enfant prodigue, c'est un enfant qu'on gâte un peu, j'arrivais au trou de glaise, plus exactement au *pit* * de glaise, avec ma pelle et mon pic.

Je ne m'imposai pas aux hommes par ma force physique, mais par des drôleries de mon invention, tant le recouvrement de la liberté donne de l'esprit. Comme par exemple prendre la voix du bœuf pour faire visiter aux lièvres de la glaise un poste radio imaginaire; mimer la terreur de l'annonceur qui a un blanc, en présentant sur le réseau un lièvre-ministre; danser les nouvelles, ou imiter le patron; chanter de l'opéra à reculons. Je n'avais pas meilleur spectateur que le bœuf, qui ne se lassait jamais de m'entendre l'imiter, et parfois me corrigeait.

Vous pensez que les bœufs, parce qu'ils ont la corne luisante, le sabot fendu et la robe colorée, ne sortent que durant la belle saison? Détrompez-vous: ils sont aussi bien vêtus, aussi à l'aise dans la glace et le froid et sûrement plus forts que leurs voisins d'écurie, les chevaux; mais ils sont plus lents; ce qui faisait bien mon affaire pour butiner de glaçon en glaçon.

Je faisais un voyage pendant que les chevaux en faisaient deux ou trois. Dans la petite côte, mon bœuf pouvait se reposer, se mettre à genoux pour reprendre son souffle,

* Fosse.

c'est pas moi qui eût pensé à le blâmer.

Il fut décidé entre les travaillants, dont mon père et mon frère, que je serais le seul attelage fantaisiste, c'est-à-dire celui qui va à sa fantaisie. Les engagés avaient instruction de ne pas m'imiter, surtout de ne pas me suivre, parce que parfois, je laissais le chemin pour aller explorer le large.

Dans mes expériences d'acrobate, j'en était arrivé à pouvoir marcher sur le bœuf, ou, comme les gauchos, me recroqueviller entièrement sur un côté du bœuf, ce qui faisait croire à ceux de l'autre côté, que le bœuf allait tout seul, sans charretier.

Pensez un instant à la joie du lièvre à qui on a prêté comme joujou un bœuf vivant, un vrai, avec de gros yeux, un énorme collet et des grappes de muscles partout dans le poitrail et les pattes, balançant ses chaînes comme on balance des ficelles.

Étant donné qu'on flacotait* à la journée et que la glaise est grande mangeuse de vêtements, je m'étais fabriqué, avec des tuyaux de poêle, des jambières qui accrochaient sous mes bottes et remontaient jusqu'à la fourche. Les lièvres engagés venaient frotter leur allumettes sur mes culottes de tôle, ce qui amusait jusqu'au bœuf lui-même.

Mon père, devant toutes ces extravagances, était parfois le seul à ne pas rire, non qu'il ne trouvait pas ça drôle, mais il en fallait bien un dans la famille pour s'inquiéter un peu de mon avenir.

«Qu'est-ce qu'on fait avec un fils-fou?» demandait-il souvent à ma mère, quand je n'étais pas là.

Une fois, il me dit avec douceur: «Tu veux chanter, d'accord; mais chanter c'est pas travailler, il faudrait que tu travailles. Les chanteurs que je connais chantent le soir, mais le jour, ils travaillent.»

J'étais aussi embêté que lui pour répondre.

Le soir venu après souper, à cette heure merveilleuse

---

* Marcher dans les flaques.

d'amitié et de chaleur où passe le bateau de la nuit, il aimait que j'apporte la guitare, que je m'installe dans l'escalier sans me faire prier, et que je chante mes histoires de perdrix qui s'aiment et vont mourir de la main du chasseur, leur ami. À ce moment, je n'étais plus le fils de mon père, mais un étranger puissant et dans son respect pour moi, il y avait de la peur.

Une vieille fille-lièvre, grosse et sentimentale, venait souvent à la maison le soir pour m'entendre chanter avec ma vieille guitare, des airs qui me passaient par la tête. Quand j'appris qu'elle adorait me voir chanter parce que je lui rappelais son défunt frère, qui lui aussi quand il chantait avait la «gueule croche», cela me refroidit quelque peu.

Il se passait rarement une journée sans que des environs nous parvienne l'aventure amusante ou tragique d'un lièvre-voisin, le mot d'esprit d'un autre, la réflexion de celui-ci, la confession de celui-là.

Un matin de très bonne heure, notre voisin fut réveillée par un tintamarre de bruits de chaînes, de roues de camion qui tournent dans le vide et de cris d'homme dehors. Il se lève, se vêt à la course et sort avec le fanal pour porter secours à un pauvre cultivateur, tout ahuri devant le désastre qui venait de lui arriver. Au détour de la grande route, la plate-forme de son camion s'était brisée, et ses quatre cochons, qu'il menait vendre au marché, avaient basculé dans la liberté. Il s'affole, il pleure, il gesticule, il tourne en rond.

—Mon ami, mon ami, fait le voisin, ne suis-je pas là pour t'aider?Allons, pas d'histoire, on les rembarque tes cochons.

Et hop, on en repère un dans le fossé, un autre qui filait, queue et museau en l'air sur la route glacée, un autre qui s'était réfugié sous le camion et le quatrième qui rêvait dans la laiterie.

—Merci, bonjour, combien vous dois-je? dit le heureux, maintenant consolé, au voisin. N'importe quoi, dites...

—Jamais de la vie, de rien, de rien, de répondre le voisin heureux, crotté et essouflé comme un mouton. Un service c'est un service.

Poignées de mains, adieux: «Quand vous passerez par chez nous...», mercis, saluts, et le camion continue sa route et le voisin va au lit. Quelques heures plus tard, il arrive à sa porcherie, esquinté par sa petite nuit, mais fier de sa bonne action et que voit-il? Ses quatre cochons disparus. Le pauvre homme avait aidé au voleur à mettre ses propres cochons dans le véhicule.

Et toutes espèces de fariboles de cette veine qui enjolivaient nos journées de glaiseux solitaires.

Moi, j'aimais surtout le matin, quand, de mon lit, sans ouvrir les yeux, bien au chaud, me parvenait d'en bas, par bribes, la conversation pacifique des lièvres à table, dans l'odeur de café, un mot par-ci par-là, dit avec la voix feutrée, une chaise qu'on avance, la cuillère dans la tasse, le couteau sur la table, le rondin qu'on jette dans le poêle, un rire étouffé, la porte qu'on clenche, la paix, la vie, la vérité.

Surtout ce matin en particulier où mon père expliqua à vois très basse à l'engagé-lièvre, qui en demandait la signification, pourquoi, la veille, en plein champ, je m'étais mis à courir en criant: «Taxi, taxi». Quand j'étais là, il m'engueulait (en riant évidemment), mais quand je n'y étais pas, il me défendait.

«Il est ici en passe, il cherche son chemin, tu ne vois pas? Pourquoi ça serait pas un taxi qui le conduira au pays qu'il cherche? Moi, c'est bien un canot qui m'a conduit en pays neuf où j'ai fondé village.»

* * *

Petit petan (petit à petit du vocabulaire paternel) on se rendit ainsi aux beaux jours d'avril, alors que les chemins se défoncent et que l'eau y envahit les fossés. Grande joie pour ma mère devant la fin du chantier de glaise, dont elle était la première ennemie, à cause que cette glaise avait mangé dans son hiver tous les prélarts* de la maison, les tapis, les draps de lit, les taie d'oreiller, une bonne partie des chaises et les pattes de la table; elle était en train d'avaler doucement la maison. Et puis, il faut changer de pays. On a ce privilège, ici au Canada, de changer de pays sans déménager. Au printemps, le vieux pays d'hiver fond, s'évanouit, et laisse sa place à l'autre, au neuf, qui tout l'hiver, sous la glace et derrière le levant, se prépare à venir. Alors il paraît comme un fiancé. Et de petits oiseaux tout neufs viennent boire la rosé dans de petites feuilles de rhubarbe toutes neuves, et les petites pousses rient de toutes leurs clochettes au soleil de Pâques.

On évitait, par pudeur, le sujet assez inquiétant de mon avenir.

Mon père avait hâte que je me trouve une position bien à moi et comprenait mal que mon avenir fût, en apparence, le moindre de mes soucis. Après m'avoir consulté et m'avoir donné tout le temps pour y penser, il me suggéra d'aller comme commis au magasin général du village, tenu par quatre vieilles filles à museau de fouine.

On m'engagea pour un mois. Je m'y rendais à bicyclette. Sur le guidon, j'avais fabriqué un lutrin de broche ou j'attachais de la lecture. Je me disais: «Un mois c'est un mois, après on verra».

Le cadet de cette famille, âgé de soixante et un ans, le seul lièvre-masculin de la succession, agonisait depuis trois mois au deuxième étage de la maison, au fin fond d'un long couloir, dans la chambre la plus chaude, au-dessus des cuisines. On passait nos journées, qui moi, qui une des vieilles filles, mais plutôt moi à cause de mes longues jambes nerveuses, à courir dans les escaliers pour se rendre compte à chaque quart d'heure si M. Gaston, en haut, n'était pas mort.

C'était vraiment de la folie que d'interrompre le client, de lever le crayon pour lui imposer silence, afin d'écouter du côté de l'escalier si on n'entendait pas un appel au secours,

---

* Toile peinte servant de tapis.

ou la chute d'un corps sur le plancher.

Et c'est alors que j'eus l'idée géniale, moi qui avais fait un stage dans les postes radio, de convaincre les filles-épicières de faire installer dans le magasin quatre haut-parleurs dans les quatre coins, avec microphone pendu au-dessus de la tête du moribond. Ce qui fut fait. Et évidemment ce qui coûta fort cher d'installation, mais enfin, quel succès! Ainsi, sans se déplacer, on était au courant ce de qui se passait là-haut! Un haut-parleur dans les coupons, un autre dans la boucherie, un dans la ferronnerie, et le dernier dans l'épicerie. On était fixé. À intervalles, le haut-parleur, dans quelque coin de magasin que nous fussions, nous déversait des hoquets de mort, des jurons, des râles, des raclements, des soupirs, des claquements de dentier, des reniflements, des grognements et des ronflements, toutes espèces de sons qui peuvent sortir d'un lièvre à l'agonie. Nous étions heureux de notre découverte. Des curieux, surtout des dames, pouvaient venir là, et, tout en palpant la lingerie, assister, minute par minute, à la marche de la maladie du lièvre Gaston.

Nous dûmes convenir, devant la perte de presque toute la clientèle, que l'invention n'était pas un succès. On résolut de baisser le volume maximum. Mais voilà qu'un matin, les vieilles filles, folles de joie, se jettent sur moi à mon arrivée au magasin et se mettent à danser, à chanter et à me faire danser avec elles.

Que se passe-t-il donc? On m'apprend la grande nouvelle. Gaston s'est levé de son lit, et a marché jusqu'au poteau de l'escalier. Le surlendemain, on m'apprend qu'il a descendu trois marches. Une semaine plus tard, voilà que le sacré Gaston s'est rendu jusqu'au bas de l'escalier. Je cours pour le voir. Enjambant le comptoir à pharmacie, j'arrête net bouché bée: il est là; un bonhomme de linge, debout dans des savates bourrées de laine. La flanelle lui sort du nez, des oreilles, de la gorge, de partout, une ombre d'homme avec, au milieu, un visage déteint, deux trous pour les yeux, les dents que je pouvais compter à travers les joues, des doigts comme des clous rouillés; il devait peser 55 livres en tout et je crois qu'il me souriait. J'ai eu peur. Ce n'est pas tout.

Voilà le moment que je n'oublierai jamais. Par un matin de glaçons qui dégouttent au soleil et de plaques de lumière sur la neige qui fond, on emmaillote Gaston de quatre paletots, de six paires de bas, de trois culottes, de quatre paires de mitaines et de trois tuques de laine et on fait le tour de tout ça avec des ceintures fléchées et des nuages de dix pieds de longueur, on lui laisse une fente pour les yeux comme une fente de boîte aux lettres, et on fourre là-dessus deux paires de lunettes, ses lunettes à lui et des lunettes de soleil. On le prend à quatre; précieusement on le fait marcher comme s'il était rempli de nitroglycérine, on ouvre la porte et enfin... il est là dehors au soleil du bon Dieu. On lui fait faire trois autres pas et on l'accote avec précaution sur la pompe à gazoline et on se recule, et on le laisse boire la vie comme à un enfant blessé et meurtri.

Et c'est vrai qu'il sourit, qu'il a vaincu la mort et qu'il va revivre avec Pâques, tout proche. Les vieilles filles, folles de joie derrière les vitrines, se font des agaceries et des coups de menton et des clins d'œil.

Mais voilà que s'amène, de l'autre côté de la rue, le rival commerçant, M. Caillot, lièvre-propriétaire du *Magasin-Général* d'en face, l'ennemi depuis quarante-sept ans. Il traverse la rue, ce lièvre sans cœur, fonce avec son long corps miteux, sa barbe de broche, sa casquette d'hiver qui lui décolle les oreilles et ses petits yeux de taupe. Il s'arrête à deux pas du paquet de linge au beau milieu duquel est Gaston le ressuscité. Mais dans les yeux de Gaston, aucune haine ni rancœur, de l'amour et de la fraternité plein son petit corps. Caillot, le sale Caillot, ce lièvre galeux, le dévisage de bas en haut et lui dit avec sa voix de fond de cour (car il chante aussi au chœur de chant), il lui dit ces paroles malheureuses:

«Sais-tu, Gaston, que je te regarde là, y a pas un peu de paresse là-d'dans?»

Il continue son chemin, pendant qu'on transporte Gaston, écroulé.

Ledit Gaston jura de ruiner son rival, ce qui lui donna plaisir et raison de vivre un autre deux ans, au bout de quoi il s'éteignit comme un lampion d'église.

Six mois avant sa mort, les vieilles filles avaient acheté les vêtements de deuil sans le dire à leur frère, profitant d'une vente de noir qu'il y avait eu au grand magasin Touttiait, de la ville voisine.

Ledit lièvre Caillot, de son côté, connut aussi une cuisante défaite. Se faisant vieux, il céda ses affaires à son fils Raphaël, comme cela se fait aussi chez les lièvres-cultivateurs. Le premier geste du fils Raphaël fut d'enlever les cinq chaises près de la porte du magasin, chaises qui étaient là depuis trente ans, et où venaient chaque matin, à l'ouverture du magasin, prendre place cinq petits vieux rentiers à poil blanc et rare, qui n'avaient rien à faire en attendant la fin du monde que de se rencontrer là et de causer de l'ancien temps. Cinq vieux moteurs usés qui étaient là tout heureux d'avoir galerie au carrefour du village, distraits par le va-et-vient des clients.

—Mais nos chaises? dirent-ils au père Caillot.

—C'est le fils qui mène maintenant, dit le père, tête basse.

Une semaine plus tard, ce fut le calorifère qui disparut, dessus lequel s'asseyaient maintenant les vieux; on le remplaça par une bouche à air, à niveau du plancher.

«Et le calorifère? dirent les vieux à Caillot. Il est dur, ton fils!»

Le bonhomme était navré, mais n'y pouvait rien.

La dernière chose qu'on leur enleva ce fut les crachoirs. Les petits vieux comprirent qu'il leur fallait se trouver un autre endroit de rencontre. Ils essayèrent de dénicher un coin d'épicerie quelque part, ou de forge ou d'hôtel, mais rien. Alors ils eurent un geste pathétique. Le plus vieux des cinq, au nom des autres, vint demander au fils de Raphaël un coin de la cave, où ils pourraient se rencontrer pour fumer, avec promesse de porter chacun sa chaise et de payer l'électricité de l'ampoule au plafond.

Parce que cette demande leur fut refusée, on a pu voir longtemps les petits vieux, en peine comme des enfants abandonnés, se promener, désunis, chacun de son côté, dans les rues de leur village. Ils vont tous en mourir. Un est mort, un autre est malade. Pourquoi vivre?

À cette époque, je fus appelé dans la ville dite de Trois-Rivières, située à trois lieues de chez nous, par un confrère-lièvre connu à Québec, à qui on avait confié la charge d'ouvrir un nouveau poste radiophonique.

Chapitre IV

Comment je retournerai derrière le microphone et invitai la population au suicide et à la folie avec mes mes propos de retour au Moyen Âge et mes souhaits de feux célestes sur toute la terre en général et le comté en particulier.

Sur la rue des Forges, il y avait deux lièvres-forgerons qui forgeaient des cœurs, des lanternes, des poignées, des grilles, des tisonniers et même des fleurs. Mais quand on soufflait sur les fleurs pour les faire bouger, on voyait bien que c'était du fer.

Ils étaient jeunes, ces deux frères; ils s'appelaient La Haine et s'aimaient beaucoup. J'avais ma chambre voisine de la leur dans la cave de la maison résidentielle de la rue du Flambeau. Il faut vous dire que j'avais déménagé mes pénates à Trois-Rivières, depuis que je travaillais au nouveau poste radiophonique dirigé par le lièvre connu à Québec.

Alors, donc, je m'étais arrangé pour avoir plus de temps libre qu'autrefois pour lire, parce que je n'avais pas lu trois livres dans ma vie, et perfectionner mon jeu de guitare.

Souvent, j'allais voir les frères-artisans forger le fer. C'étaient pas des «parleux», mais de temps en temps, ils disaient un mot comme «Moyen Âge, petit métier, petite industrie, troubadour, vitrier, maçon, compagnon-charpentier, idéal» et de ces mots indicateurs sortaient l'aboutissement «cathédrale, château, tapisserie, œuvre d'art» dont les reproductions tapissaient les murs de la forge. Ils avaient accroché leur étoile à cette période naïve où les créateurs primitifs, sans instruction ni science, mais rangés du côté du paradis, imprégnaient leur œuvre de foi, de modestie et de croyance.

— Mais, leur demandais-je, néant, destruction, pessimisme, mort, est-ce cela qu'il faut chanter?

— Si tu veux. Ce qui est dans ton cœur. Mais vu que l'homme pleure toujours, un mot d'encouragement aide plus; c'est plus durable que le facile mot de désespoir.

De toute façon, ils avaient prononcé le mot qui empoisonne la vie des lièvres vagabonds et insouciants: «Travail». Je résolus, moi aussi, d'être un artisan comme ceux du temps des cathédrales, qui chanterait ses histoires de lièvres à lui. Mes héros ne seraient pas pris sur le pas des universités, je n'y connaissais rien, mais dans les savanes, près des sources froides que l'on voit couler, quand on s'assoit sur une souche. Vraiment aussi, nous vivions inclinés en deux, devant le travail des lièvres de Montréal. Malgré l'indifférence, la parole devait être aux rongeurs de province qui ne parlaient jamais. Un troubadour sans règles, ni lois, ni recettes, ni conseils, qui fait ce qu'il y a dans son cœur, voilà le lièvre que je voulais devenir.

Avec un ingénieur, j'allais marcher sur le boulevard Turcotte, après le travail, la nuit, et nous regardions passer les morceaux de glace dans le fleuve à la lueur des bateaux traversiers.

«Écris, me disait-il. Essaie.»

J'entrepris de faire le tour des bars, des coins louches, des tavernes et des restaurants, en quête de gars et de filles qui savaient lire. Car en ce pays de lièvres-défricheurs-pionniers, très peu s'étaient rendus plus loin que la quatrième année. Quand, à la ferme, on disait d'en engagé: «C'est un quatorze ans», on lui faisait un compliment. Ça voulait dire qu'il avait laissé l'école à quatorze ans. Ce qui n'empêchait nullement ces lièvres d'avoir sensibilité et courage, intelligence et humanité.

J'en repérai donc une dizaine; et alors commença pour nous une ère de création et de joie. Parce qu'il n'y avait qu'un studio occupé durant le jour, on répétait la nuit des textes que j'écrivais dans ma cave, sous les yeux des frères du Moyen Âge qui m'avaient communiqué leur appel à l'ouvrage «bien faicte», au goût, à l'idéal, au «Fie-toi à toi-même».

Mes titres étaient à peu près: *la ligne téléphonique en pays d'originaux, la Pinte de sang, le Verre de rêve* (du poison), *Et que ça saute* (le gouvernement), *Mémoires d'une araignée, Cimetière des cigarettes, Vive la chicane, le Grand Film* (jugement dernier), *l'Ivrogne sublime, la Locomotive sans conducteur,* etc. Au départ, on se mouvait à la lueur des mouches à feu ou des bougies, et on finissait dans une obscurité totale apparente; pardon, il y avait une fente de lumière quelque part sous la porte: l'espérance. Alors, les morceaux de glace du fleuve prenaient une signification, c'étaient nous; les billots qui venaient du fond de la vallée par le Saint-Maurice, c'étaient nous. Draveurs*, bûcherons, traversiers, cordonniers, fleuristes, taxis, poseurs d'affiches, tailleurs de pierre, luthiers, bouchers, laboureurs, ouvriers, prenaient la place importante dans nos têtes de lièvres. Chacun apportait de chez lui, qui une chaîne pour faire un bruit, un disque, un porte-voix, une invention pour imiter le bruit de la neige sous les pas. Dans une noyade, un jour, on alla quérir le bruit de la chute à l'endroit que vous pensez. On essayait de s'exprimer avec les moyens que nous avions.

Mais, encore pas de lettres d'appréciation ou de téléphones! J'eus l'idée, dans un sketch, de mettre le feu au poste, d'étendre la conflagration à toute la rue et de brûler (toujours dans le texte) une partie de la ville, pour la punir de faire la sourde oreille à nos essais de plume. Résultat: trois ménagères, en tablier, s'avancent de loin dans la rue et enjouées viennent nous voir brûler, corps et biens.

---

* Celui qui conduit les billes de bois sur les rivières.

— Que pensez-vous de mes émissions? demandais-je à mon père, aux fins de semaine.

— Laisse porter, ça viendra. La récolte est à l'automne, tu es au printemps de ta vie.

Avec ma guitare et ma «gueule croche», je fonde aussi un chœur de chant avec le personnel du poste et les frères La Haine. On invente même un instrument de musique en forme de cymbalum que me confectionna un vieux luthier de mes amis. Résultat dans nos cœur: toujours joie sur nos visages; le monde à conquérir; indifférence de l'autorité, heureuse peut-être de nous voir nous amuser, mais aussi éloignée de nous qu'un ministre des Finances. Découragements, abattements, crises, trous devant nos vies, solitudes, abandons, petites trahisons. Ma mère-lièvre disait en me servant un verre de lait et des petits biscuits, quand j'allais la visiter le dimanche: «Il n'y a de vrai que ton rêve. Il te faudrait aller dans un autre pays».

Alors mon humeur sauteuse de lièvre me reprit. Conseillé par les frères-artisans, voilà que je commençai à reluquer du côté de la Grande-Ville, celle qui est Métropole et Monstre sans cœur, inaccessible et fermée aux lièvres inconnus, renommée par ses clans et ses murs très épais à trouer.

«Va la conquérir», me souffla l'ingénieur. Et me voilà lièvre tourmenté encore une fois par la fièvre du départ.

* * *

Deux ans, je fis la navette de la petite à la grande Ville, deux ans, en autobus, à chaque quinzaine, celle de dix heures pour l'aller, et de quatre pour le retour. J'y arrivais à une heure du midi. J'allais essayer de faire la connaissance d'un lièvre de mon poil dans les studios immenses, avec mon air campagnard qui devait être bien sympathique puisqu'on n'en finissait pas de me sourire et de m'examiner de loin. On me faisait faire antichambre sur des chaises propres et bien bourrés.

Vexé au début, c'était devenu une joie, après six mois, de faire la queue à la porte de ces lièvres-savants, parce que je n'étais pas le seul, et les chefs que j'entrevoyais par la fente des rideaux semblaient pris par des problèmes autrement plus lourds à porter que mes petits problèmes à moi. La seule vue de leurs titres, écrits en lettres mystérieuses au bas de leur nom, disait hautement: «Va-t-en donc chez vous, ignorant». Une admiration mêlée de curiosité me faisait rester. Presque heureux, je revenais bredouille par l'autobus de quatre heures (après une escale de deux heures à l'église-cathédrale où j'allais me réfugier du froid et de la peur), anxieux de raconter à ma mère et à mes frères-lièvres comme on était bien assis dans les fauteuils de cette ville.

Enfin, un jour à midi, on me fit entrer dans le bureau d'un chef-lièvre qui me fit asseoir devant lui, derrière son énorme pupitre où sa tête seule dépassait. Il m'offrit une cigarette toute faite et se mit au téléphone. J'eus le plaisir de le voir téléphoner devant moi durant une bonne heure sans dérougir et sans même me regarder une seule fois. Cela, croyez-moi, fait sans ostentation, ni gêne ni pédanterie. «Allo», qu'il faisait, «Oui, *yes*, non, peut-être, t'es fou, *kidding*, etc.» Puis il passait à l'autre téléphone et recommençait son dialogue de: «Oui», de «non», de «*hell*», de «laisser-tomber». Parfois une fille-lièvre, mais ce qui s'appelle une belle fille, entrait sans frapper avec des papiers qu'elle déposait sur le pupitre et ressortait avec une autre brassée de papiers. Des jeunes gens-lièvres, très entraînés au maniement des papiers, venaient aussi porter ou prendre des liasses si lourdes qu'ils marchaient dos en arrière et ventre en avant. D'autres inspectaient les tiroirs du chef pour s'assurer qu'ils étaient bourrés de papiers. Après on en mettait dans des filières, sous la table et dans des casiers de fer, sur les tablettes, dans les fenêtres, sur les tapis. Et entre ses deux téléphones, le chef-lièvre reniflait sont papier, le léchait, sonnait brusquement pour qu'on lui en apporte d'autres. Aucunement importuné par ma présence, sans s'avoir qui j'étais, il me laissait là comme un ami de qui on sait tout et dont la seule présence est un honneur. Cette fameuse fois donc, après une autre heure de léchage de papiers, il me fit gentiment signe de m'en aller. Je le remerciai du passe-droit qu'il m'avait accordé, appuyé d'un petit clin d'œil complice, je m'en allai prendre mon autobus. Il était parti...

Ma mère s'inquiétait surtout de savoir si j'avais bien remercié le chef de m'avoir fait asseoir dans son bureau.

Mais je n'étais qu'au début de mon étonnement et de ma joie nouvelle.

Imaginez, vrai comme je vous le dis, qu'un chef-lièvre me demande un jour ce que je voulais. Je fus si surpris de sa question et je m'y attendais si peu, que je me mis à bégayer, à hésiter, à essayer de me rappeler, pour finalement lui rêver au nez effrontément. Il me dit gentiment de ne pas m'énerver de la sorte. Il me demanda mon nom et je le lui dit à l'envers, tellement j'étais troublé.

À l'entrevue suivante, je résolus bien d'être sur mes gardes. J'avais mon nom sur le bout de la langue prêt à le dire à qui voudrait le savoir. Mais pendant dix autres mois je n'eus pas la peine de le dire, vu qu'on ne me le demanda pas.

Et croyez-moi, je le confesse, je suis maintenant sûr qu'ils savaient que je me bourrais d'aise sur leurs fauteuils; sûr que les policiers surveillants avaient instruction me me laisser flâner comme un enfant qu'on gâte. Il y en avait un énorme, de fauteuil, en face d'une petite fontaine automatique; vraiment, celui-là, c'était une volupté que de s'y déposer pour attendre. Dans les débuts de mes voyages, par peur de reproches, je me glissais que sur une fesse, coudes collés, nuque raide, par simple respect pour les chefs-lièvres qui derrière les portes travaillaient si fort dans les papiers. Mais après six mois, vous pensez que j'y allais franchement; j'abusais du fauteuil, même que je m'étirais les pattes que j'appuyais ma tête de lièvre sur le dossier de cuir, comme chez le dentiste.

Combien de fois, dans ces moments de détente, je m'apitoyai sur le sort des jeunes gens de mon âge, dehors sous la pluie ou dans des caves sans air, pendant que moi, à l'abri, ma rouleuse au bec, mon billet d'autobus de retour dans ma poche, et mon sandwich au pâté de viande dans mon sac de papier, sans inquiétude, je vivais la vie du lièvre-gagnant.

Donc, je fis enfin la rencontre d'un lièvre-frère* qui me dit sans ambages: «Va chercher ton baluchon, reviens dans deux jours, je m'occupe de toi. Je t'aurai même trouvé une chambre à deux pas d'ici».

Et commença une amitié avec ce lièvre qui me reconnut, et auquel je dois, sans papiers, ni références ni recommandations, mon entrée et mon acceptation dans le monde métropolitain, une amitié qui, après bientôt vingt années, dure encore, puisque nous avons épousé les cousines et que nous sommes parrains et marraines de nos enfants-lièvres qui sont venus après, et dont je vous raconterai la naissance, confidentiellement.

---

* Guy Mauffette.

Chapitre V

Comment je m'imprégnai lentement du parfum de la cité, étant donné que j'habitais au-dessus de la bouche de ventilation d'un restaurant chinois, au fond d'un couloir, entre un vieux poêle et un lavabo, qu'une fierté compréhensible me fit appeler: ma chambre.

C'est là, près de la fenêtre qui ouvrait en plein sur le système respiratoire des cuisines chinoises, que mon ami-lièvre me présenta M. Balzac, M. Benjamin, M. Guitry, M. Molière, tous grand lièvres de l'écriture et maîtres-éscholiers très savants, dont au collège on ne nous dit que les gestes de naissance et de mort.

Je bouchais les morceaux de plâtre qui tombaient du plafond et des murs de ma chambrette avec de jolis cartons, sur lesquels je transcrivais des pensées des hommes-lièvres cités plus haut.

Voilà que cet ami-lièvre me fit jouer ma guitare et je le surpris qui se séchait les cils après audition de mes chansons. Je lui demandai naïvement si ça l'ennuyait au point de le faire pleurer. Il me répondit que ça le faisait pleurer seulement. Alors, nous fîmes un échange. Étant donné que ce lièvre était artiste comédien de talent et de souffrance, il me parlerait de madame Théâtre et moi, lièvre des savanes, je lui décrirais madame Nature, la seule que je connaissais.

Basée sur cette entente, une amitié de lièvre va s'affermissant, comme vous pourrez le constater.

Afin que je puisse subsister, il me fit donner un rôle de bandit dans un programme radiophonique, dans lequel une fois la semaine, je commettais mes quatre ou cinq meurtres. À cette époque, on me voyait déambuler, maigre de figure et de façon, un journal à la main pour cacher mon fond de pantalon, émerveillé devant les vitrines pleines d'un feu sur lequel roulaient des poulets entiers. On était en automne et ma grande joie était de prendre le tramway découvert, de ceinturer la montagne, en touriste; une pauvre, mais unique façon de voir des arbres, de prendre un peu de soleil, de respirer, mais si peu, l'odeur de forêt, dont souvent j'avais la nostalgie. Le soir, avec ma guitare, devant quelques amis de la pension, j'ouvrais la porte à mes fantômes et je faisais courir sur ma table feuilles et hirondelles.

Puis, vint l'hiver. J'avais besoin de vêtements. Ne voulant pas abuser de l'hospitalité de table et d'habit de mon frère-compagnon, j'entrepris seul des démarches dans la ville. Finalement elles aboutirent à l'emploi d'aide-embaumeur sans heures fixes dans une maison de «frais funéraires», quelque part en bas de la ville.

Effrayé, mais émerveillé, mon ami me demandait de lui parler un peu de ce métier inconnu de lui. C'est entre deux verres de liqueur gazeuse qui rend malade que je lui racontais, le soir, mes aventures chez les morts en compagnie du maître-embaumeur, l'associé de la maison.

Étant donné que cette entreprise était privée, c'est dans le privé de la cave qu'on faisait aux clients leur dernière toilette. Au rez-de-chaussée, il y avait le salon des «demeures», que l'associé-lièvre, toujours cravaté de noir, faisait visiter aux parents en larmes; lui aussi avait, dans le visage, ce qui s'appelle un air de circonstance.

«Ici, du bois blanc, c'est joli, mais moins durable que le chêne, capitonnage en satin avec petits clous d'or, un coussin ou deux coussins...»

Et il disait les prix, comme on dit *amen*, les mains

presque jointes et la tête penchée.

Mon premier client, nous fûmes le quérir à la maison de santé où le pauvre avait vécu, vieilli et trépassé. Il nous attendait dans le frigidaire numéro 8, sur la porte duquel le nom de notre compagnie était inscrit avec la mention: *réservé*, ce qui voulait dire: *vendu*. Un grand vieux fou sec, sans poil, ni dents, ni amis, ni parents. De la civière de l'hôpital nous le fîmes glisser, pieds d'abord, dans notre fourgon à mort. Comme il était plus raide qu'un bâton gelé, ce ne fut pas un problème de le manœuvrer. Mais le long du chemin du retour, l'associé fit un curieux manège (je m'en aperçus tout de suite) pour mettre mes nerfs à l'épreuve. Aux intersections, aux feux rouges surtout, il freinait brusquement le fourgon, et le vieux lièvre-mort laissait sa position couchée pour venir mettre sa tête entre nous deux comme dans un salut, et se recouchait aussi vite. L'associé, voyant que ce jeu ne m'épouvantait pas, me cligna de l'œil, satisfait. Plus tard, il me confia qu'il avait eu pour instruction de tâter un peu ma solidité nerveuse. Après la toilette du vieux, qui fut assez pénible à cause d'un cilice rentré dans la chair, on me permit d'aller à la soupe. Ce que je fis avec un grand appétit. Puis un téléphone me rappela d'urgence à la maison funéraire. L'associé me fit voir un accidenté qui venait d'arriver. Un homme-lièvre coupé en deux par le train de nuit et qu'on venait de trouver enfoui sous la neige, près des voies d'aiguillage. La moitié du haut reposait sur la table de tôle et celle du bas était posée (sûrement exprès) debout dans un coin de la cave. L'associé prétexta soudainement qu'il avait un téléphone à faire et disparut vers le haut par l'escalier intérieur, en me priant de l'attendre là. Je fus seul avec les parties de ce pauvre lièvre et j'eus un commencement de souleur*. Comme je m'éloignais de lui à petits pas invisibles, la partie du bas, qui était dégelée, fit *crac*, se plia aux genoux et je vis mon mort s'asseoir sur les talons. Ce qui fait vraiment une singulière impression. Je pris la fuite, mais

* *Souleur*: saisissement.

tout de suite je fus arrêté et humilié comme il se devait par mon associé qui était en observation dans l'ombre, au milieu de l'escalier.

Je m'en voulus bien d'avoir eu peur, et j'essayai du mieux possible de réparer cette puérile frayeur en aidant joyeusement à mettre les deux morceaux de l'accidenté dans un sac ouaté, qui portent les lièvres des pays froids, en hiver.

Malgré ces saines minutes de distraction, je voyais (et mon ami aussi) que ce joyeux métier n'était pas le mien. À quelque temps de là, pendant que l'associé refaisait, d'après une photo, un visage écrabouillé dans un accident, je lui dis de ne plus compter sur moi,

Il me plaignait sincèrement. Il ne connaissait que ce métier-là et il ne croyait qu'à ça. Je le vois encore manger son sandwich et boire son coca-cola, qu'il mettait à plat sur la poitrine du mort après chaque gorgée. Il me dit, la bouche pleine, tout en refaisant les cils avec les cheveux du mort: «Comme tu voudras. Va chez les vivants».

Je le laissai seul avec la radio qui jouait *When I die*, et lui, tout à son travail, rythmait le jazz avec sa tête, amollissant, dans sa main, la matière à fabriquer des nez et des joues.

Mon ami-lièvre, devant de si macabres anecdotes, restait bien rêveur et me quittait en frappant sur les histoires que j'avais écrites, là, sur ma table.

«Là est ta vocation!»

Ce fut vers cette époque qu'on me permit d'émettre, sur les grands postes de l'État, mes histoires de lièvres, composées dans les savanes lointaines de mon pays. Enfin, je reçus mon premier chèque, je payai petites dettes et reconnaissances, j'achetai des cordes neuves à ma guitare et cinq beaux crayons neufs avec efface* au bout.

C'était une grande joie pour mes oreilles d'entendre une fois la semaine les citadins parler comme des lièvres de mon pays.

---

* *Efface*: gomme à effacer.

* * *

Puis, on entendit parler de guerre, de rumeur de guerre, de déclaration de guerre chez les rongeurs des vieux pays, et on invitait à grand renfort et à grandes réclames tous les jeunes lièvres d'ici à s'enrôler en chantant, à venir au régiment connaître la désopilante et bonne vie de caserne, le maniement de gais fusils et grenades, et autres jouets de sains tapages. La douce aventure en pays de Japonais, qui, eux, vous attendent, camouflés derrière le buisson, avec des mitraillettes à panpan et des couteaux à kirikiri.

Follement, tout le monde voulait jouer. Ce fut le «jouage de coudes» aux quartiers de guerre pour s'enrôler au plus vite, porter le joyeux uniforme et partir tête baissée vers le front de fête, quelque part sur les côtes d'Europe. Ne me sentant pas l'âme belliqueuse et le muscle assez fort pour de si amusantes équipées, j'écrivis cette lettre au ministre de la Guerre, lettre que je n'envoyai jamais, bloqué qu'elle fut par une fille-lièvre, mon amie, qui devait devenir plus tard ma femme. Voici quand même, à peu près ce que je disais avec toute la sincérité de mon cœur de lièvre-campagnard.

Ministre de la Défense Nationale,

Mon cher ami,

Vous qui avez cheveux blancs et expérience, vous comprendrez un fils qui vous demande intervention afin qu'on ne l'appelle pas aux armées. Je préférerais rester ici dans l'ennui et la vie ordinaire, plutôt que d'aller faire ces folles randonnées en bateau ou en avion rapide. Je n'ai pas l'âme pour vivre en groupe, je ne me sens pas l'âme du soldat. Volontiers je fais le sacrifice de la vie militaire et de ses joyeuses tueries, de ses galons et de ses prises de terrain, pour rester bêtement ici à l'arrière, sans avancement. Si vous n'acquiescez pas à ma demande, j'irai à la caserne et je tirerai le fusil, *mais au-dessus des têtes, je roulerai le char d'assaut, mais à côté des mourants, alors, je retarderai la glorieuse victoire. On me surprendra plutôt à rêvasser qu'à guetter l'ennemi. Si on m'appelle, j'irai quand même, mais je vous aurai prévenu: vous saurez que c'est moi le seul de mon régiment qui a le pas*.*

Votre dévoué serviteur, qui attend réponse par retour du courrier, tout au moins avant de recevoir mon appel, etc.

À quelque temps de là, je reçus ledit papier jaune, comme on reçoit une carte mortuaire, et je m'en fus, fesses collées et visage bas, passer l'examen médical comme tout le monde, dans un immeuble bourré de lièvres tout nus, moins les médecins, qui, derrière leurs bureaux, assis devant papiers et instruments de chirurgie, posaient des questions avec des voix assurées et transcrivaient les réponses, émanant de voix d'outre-tombe.

Folle gaieté était le mot écrit sur les visages des médecins: tâte ici, soupèse ça, grimace là-dessus, ricane de ça, tourne ça, baisse ceci, fait le dégoûté sur ça, et c'est les outils qu'on vous enfonce allègrement dans la gorge, les oreilles, le nez, le fond des dents; la balance, le poids, la respiration, le marteau sur les côtes, sur les genoux , sur les omoplates; vérification des attaches, des urines, des globules, des intestins; l'examen du souffle, des systèmes nerveux, organique, sanguin, osseux; les claques dans le ventre et sur le crâne; l'addition, le jugement, la signature, le papier et la porte.

J'étais précédé, moi, maigre comme un clou à bois franc, par un gros lièvre, rond comme un pot à barbe, qui se tenait plié, courbattu, malheureux et à demi sans connaissance, dégoulinant la peur et la sueur.

Quand vint son tour, il se dit souffrant de tout ce qu'il y a de maladies sur terre.

---

* Avoir la cadence.

«Laisse voir ta cicatrice», lui disait le médecin, en lui enlevant la main qui cachait son ventre.

Et rien sur le ventre.

«Laisse-moi voir dans ta gorge, cette infection dont tu parles.»

Il allait voir, et rien.

«Tourne ton pied, que je constate s'il est plat.»

Et il était rond comme une corne de vache.

On lui enleva le coton qu'il avait dans les oreilles, au fond desquelles il n'y avait rien. Et, à ce pauvre apprenti, on lui a foutu zéro, c'est-à-dire bon pour l'armée, pour la marine, pour l'aviation, la retraite, la pension, l'éternité, première classe dans tout, trois X, cent pour cent, A-1, champion!

On en vint à moi. Sans vouloir jouer la comédie ou le mensonge, je pris le visage et la contenance de l'homme qui veut y aller à cette fête guerrière et qui tient à voir pays et ennemis.

Résultat: pas de poids, pas de souffle, pas de sang, pas de vue, pas d'endurance, pas de calme, pas de coffre, pas de cou. Plus j'insistais, plus c'étaient les rires sous cape de ces messieurs de la santé, qui se clignaient de l'œil en voulant dire: «Tu as vu le numéro, l'épouvantail, le macchabée?»

Je suis sorti cent pour cent, c'est-à-dire, à la dernière lettre, bon à ramasser du bout de la fourche et à jeter aux orties.

* * *

À quelque temps de là ma fiancée-lièvre m'apprit que je serais présenté à la famille de son patron, laquelle, je le savais, appartenait à la noblesse de la baronnie, à l'aristocratie de la culture et du savoir-vivre, lui-même étant ambassadeur.

Entendez le récit de mon premier cocktail dans le grand monde et les frais que cette sortie mondaine exigea de nous, en dépenses d'habillement et de tondage de poil.

—Il te faut un complet.

— Il me faut un complet.

Il me fallait un complet.

Entre autres façons de ruiner un homme et de l'assujettir à sa merci, il existe en Amérique, le système dit: «à crédit». Vous allez dans certains magasins, on vous vend tout ce que vous voulez et souvent plus que vous ne voulez, moyennant une ridicule petite somme d'acompte au départ. On vous remet une carte, laquelle on poinçonne à chaque paiement que vous faites subséquemment. Ce système a comme résultat de rendre difficile la joie de la propriété, vu que le magasin, dont le seul et unique but est de vendre, revient chercher les objets quand les paiements n'arrivent plus. Les mêmes objets vont empoisonner l'existence d'un nouvel acheteur, qui devra rendre à son tour les acquisitions, s'il ne peut plus payer. Des populations entières vivent ainsi, sans manquer de rien, mais sans jamais posséder que des dettes dans la hantise de savoir s'ils pourront faire face au prochain paiement. Voilà pourquoi tous les lièvres d'Amérique semblent riches, mais tout ce qu'ils ont, jusqu'à l'habit qu'ils portent, n'est pas à eux. Quand la chose sera usée, ils finiront peut-être de la payer.

La cruauté de ce système, c'est le réveil. Vous avez goûté à des choses au-dessus de vos moyens, on vous les enlève, vous voilà devant rien.

Le désir têtu de faire vite de l'argent pour reposséder ces choses, gruge vos nuits, vos jours, vos fins de semaine, vos amours, vos vacances, vos vies.

Moi, j'avais acheté un poêle à crédit pour mon père. J'ai mis un an à le payer. C'est au même magasin que je m'en fus quérir un complet neuf, des souliers, des chemises, etc., presque quatre mois de salaire à venir. Ça vous fout des complexes de parasites. Moralité: posséder peu, mais ne rien devoir à personne. Une vieille chaise à soi vaut mieux que quatre neuves pas à soi. Ce sont là vérités que vous connaissez tous; si je vous les rappelle, c'est pour que vous en fassiez des chansons.

D'aussi loin que je me souvienne, je crois que je suis

allé deux fois chez le barbier. Originalité, paresse, indifférence? Ce que vous voudrez. Mes sœurs ou mes parents ou mes amis ont eu seuls le privilège de me tailler la fourrure.

Depuis mon arrivée dans cette grande cité, mon coiffeur était cette fiancée-lièvre dont je vous ai parlé au sujet de ma lettre au ministère de la Guerre. Mais elle refusa de faire la barbière, quand il fut convenu que je serais présenté à M. l'Ambassadeur, au cocktail. Lièvre d'humeur égale, et n'aimant pas contrarier, je m'en fus chez le coiffeur de ma rue, avec ordre de revenir poil court et peau rasée. Le barbier, en apercevant ma tête, se frotta les mains, bondit, secoué de transes heureuses, et, armé de ses plus grands ciseaux, s'en donna à cœur joie durant un quart d'heure, en étouffant de rires diaboliques dans son corps pris de grands trépignements. Moi, les yeux fermés, je le laissais jouir, étant donné que je lui avait dit: «Coupe militaire» (parce qu'à cette époque, surtout dans les ambassades, la mode était à la coupe militaire).

Non seulement je ne me reconnus pas dans la glace, j'avais d'ailleurs pris le parti de m'en moquer, mais mon amie ne me reconnut pas non plus. Quand elle réalisa, à l'accent, que c'était moi, elle s'en fut sur le lit faire une crise de larmes terrible. Elle voulut même que je retourne chez le barbier lui demander mes cheveux, qu'elle voulait me recoller sur la boîte osseuse.

Trois heures plus tard, en taxi, elle, toute serrée dans un petit costume beige à crédit, la main en avant d'elle, à hauteur de baise-main et moi serré par la chemise, le complet neuf et les souliers à crédit, sachant d'avance le ridicule de ma coupe militaire, mais résigné à faire rire de moi, nous glissions dans le quartier des ambassades, sous les arbres centenaires, pour enfin pénétrer dans le château à colonnes qui, solidement, dominait la ville.

Je me fis remarquer en entrant parce que je dis bonjour à la bonne et que j'accrochai moi-même mon chapeau dans la penderie.

Il y avait là des femmes du monde en audacieux décolletés, qui voulaient avoir l'esprit des auteurs qu'elles citaient; d'autres (que les circonstances ont empêché de voyager) bien décidées à ne s'étonner de rien; d'autres, convaincues de leur supériorité, attentives et craintives à l'idée qu'une rivale aurait le mauvais goût de parler d'une chose qu'elles ne connaissaient pas; derrière elles, des maris humiliés qui se foutaient de l'alcool dans le gosier, en silence; des débutantes à l'air niais, empesées dans des robes anglaises, dégustant de l'œil, gâteaux et crème glacée, mais se forçant pour fumer, à boire le punch et supporter l'œillade trouble du vieux célibataire à fortune, en conversation avec future belle-maman; de vieilles douairières à lorgnon, couvertes de tissus très riches et de bijoux gros comme des poignées de portes, pour camoufler varices et poches de graisse (visiteuses communes aux gens d'âge). Moteurs usés, moteurs trop jeune, clinquants, surfaces polies, et au-dessus de tout ça, un roucoulement, une rumeur, un babillage coupé de rires stridents, de toux de bronchite, de claquements de verres, de bâillements refoulés, de regards attendris, de sourires amers, et de grands coups de couteaux dans les dos nus, plantés par des yeux au rimmel.

J'étais assis au fin bord d'une petite chaise dorée Louis XV, tenant en main droite, entre les doigts, en commençant par le pouce: une olive, un canapé, un céleri, une cigarette allumée, un fromage; et en main gauche tasse de café bouillant, petit gâteau dans le papier, allumette éteinte et serviette brodée. Quelques personnes spirituelles, croyant que j'étais le domestique, me demandaient à boire. D'autres, des drôles tenaient à me serrer la main.

Tout à coup, je sentis le brûlé, la chair grillée: c'était mon index de droite que chatouillait sérieusement la cigarette. C'est à ce moment précis qu'on me présenta à un prêtre*, homme de théâtre, avec qui je devais, pas la suite, lier grande amitié. Il m'apprit qu'il écoutait régulièrement

* Émile Legault, c.s.c.

mes histoires de lièvres à la radio (quoiqu'il se trompât sur l'heure, le jour et le titre). Il me donna son adresse et son numéro de téléphone et on promit, dur comme fer, de se revoir.

Quand, enfin, je réussis à trouver ma future femme qui babillait avec ses gentilles amies-lièvres, au milieu de vieux invités polis, nous fîmes nos civilités au maître de la maison, homme généreux et très simple, visiblement habitué à la sotte parade, et nous partîmes.

Elle me confia, au retour, qu'on avait surtout admiré ma coupe de cheveux militaire, qui me donnait l'air racé, rapport sans doute à des bosses de naissance que j'ai derrière la tête. Elle ne sont pas normales et n'ont surtout rien à voir avec les mathématiques.

* * *

Je pris donc le train un matin de printemps, pour faire un tour dans mon pays des savanes et raconter à mes parents mes aventures depuis mon arrivée dans la grande cité. Je leur fis part de mon mariage prochain, auquel, avec empressement, ils promirent d'assister.

De leur côté, ils me racontèrent le nouveau qui était survenu par là. La récente visite que leur fit dans le comté, un gros lièvre, homme d'État de l'île anglaise, île renommée pour ses terres si grandes que le pauvre soleil du bon Dieu n'arrive pas à se coucher sur toutes à la fois. Cet homme sympathique, photogénique, un peu bourru, mais très éloquent, fumait des cigares et paraissait derrière le train spécial qui le véhiculait au nom du roi, tenant deux doigts de la main droite levée en signe de V. Croyant que c'était la façon de son pays de saluer, mon père, qui était allé le voir passer, lui répondit en levant un seul doigt, comme c'est la façon de saluer dans notre pays. Le gros lièvre, intrigué par ce geste, fit reculer le train pour donner et recevoir des explications. Il dit à mon père:

Quand je lève les doigts en forme de V, ça veut dire: deux milliards de dollars que je suis venu chercher.

— Je le savais, dit mon père. Et moi, quand je lève un seul doigt, c'est par simple curiosité de savoir si un milliard ne vous suffirait pas.

Le gros homme, qui connaissait la valeur d'un mot d'esprit, rit beaucoup de celui-là, et donna à mon père un de ses longs cigares infumables. En retour, mon père lui donna une poignée d'allumettes mouillées. Ces deux hommes étaient faits pour se comprendre.

«Comme c'est dommage et bête, ajouta mon père mélancoliquement, que les lièvres des grands et des petits empires (au fond c'est la même chose) ne puissent se rencontrer pour une partie de pêche, dans le creux d'une vallée, sur un petit lac pur, le dimanche après-midi.»

Ce disant, il fit semblant de soulever le chapeau pour saluer le roi ou la reine, ou la république... enfin l'autorité, le drapeau, ce que vous voudrez.

Il me parla aussi d'un nouveau voisin établi pas loin de là, avec sa sœur, un dénommé Bricaille, ancien manœuvre à bord des goélettes, qui se disait capitaine au long cours. Une espèce de grand fou, qui, à l'approche des canicules de juillet, sentant monter la chaleur et le sang dans sa tête, venait faire ses adieux et allait se «mener» à la maison de santé de Ville-Marie. Il revenait quinze jours plus tard, guéri, calmé, mais confessant avec un sourire de pitié en parlant de ses copains de chambre: «Tous des têtes folles! Pas moyen de parler sérieux avec ces malades-là!»

«Sa soeur, me dit mon père, est gênée, ce qui s'appelle gênée, quand on dit gênée. Autant le gros homme est atteint de la bonne maladie d'aisance, autant celle-là souffre de la mauvaise maladie de la gêne. Il faut que tu la voies. Elle fond, quand on la bonjoure en passant, et si on s'arrête pour engager la conversation, elle rentre sous terre, ou va se cacher derrière les bâtiments.»

Curieux de rencontrer cet échantillon-lièvre je m'en fus le soir même, avec l'engagé, du côté de sa maison.

La pauvre vieille fille, en jaquette et bonnet de nuit, s'apprêtait à prendre un bain de pieds dans une cuve au milieu de la place de la cuisine, quand l'engagé et moi la vîmes par la fenêtre. Nous entendant frapper, elle s'affola, et n'ayant pas le temps de filer par l'escalier, elle se glissa derrière le poêle, sous lequel dépassaient ses pavres gros pieds nus de fille de la mer. Je voulus retourner sur-le-champ, mais l'engagé, un faraud de lièvre à gros muscles et à gros esprit, faisait déjà les présentations au frère qui était venu nous ouvrir. Pendant la conversation, l'engagé poussa le cynisme et le mauvais goût jusqu'à se lever au moins trois fois pour aller secouer sa pipe près des orteils de la pauvre femme qui se les cachait l'un sur l'autre, l'un sous l'autre, l'un dans l'autre, à tel point que le cœur vous faisait mal de pitié.

Je sortis de là écœuré, me sentant méchant, mais pouvant dire: «J'ai vu une femme gênée, que la solitude et l'ignorance ont rendue à l'état de bête primitive». Oui, ces gens des vieux pays devraient venir plus souvent nous dégourdir et nous civiliser, mais sans toutefois se sentir obligés de faire le salut à la façon de leur pays.

* * *

Mon mariage avec ladite petite lièvre-citadine se fit donc en juillet, un matin de vent, dans un coin de l'église principale, dite cathédrale. Mon père et ma mère étaient présents dans leurs habits neufs, portant surtout grande joie dans les yeux et le visage. Il y avait aussi le frère-lièvre de ma femme, coiffé de la casquette militaire, étant soldat de la patrie. En tout, nous étions six, y compris le prêtre rencontré au cocktail qui fit la bénédiction nuptiale avec grand sérieux.

Au sortir de l'église, je pris ma course avec mes grandes jambes, vers le chapeau de ma femme qui roulait là-bas sous les autos, au milieu de l'avenue. Ma mère-lièvre, qui s'y connaissait en éléments, dit à ma femme: «Vous voyagerez beaucoup».

On s'en fut tous vider une bouteille de champagne dans un hôtel voisin, ce qui me rendit malade pour la journée.

Je demandai à mon père si les pèlerinages continuaient

d'avoir du succès au sanctuaire de son église; il me dit oui, mais qu'il y avait aussi des inconvénients, dont le plus grave: il pouvait difficilement faire sa religion maintenant, à cause de l'affluence d'étrangers qui prenaient leur place, à eux, les vieux de l'endroit. Mais en bons lièvres qu'ils étaient tous, ils se contentaient de suivre les cérémonies de loin, en arrière des autres, un pied dans la rue où passent les p... d'automobiles, et l'autre sur le gazon du parc, où l'on vend des images, de l'eau, des statues de plâtre, des longues-vues, des vierges, des médailles, des fanions, de la cire, des coupe-papier, des cendriers, des gobelets, des buvards, des cantiques, des calendriers, des chapelets, des lunettes-soleil, des missels, des petites cannes, des bonnets, des stylos, des porte-clefs, tout cela bénit et portant l'écusson de la Vierge.

— C'est une invention nouvelle dans ce siècle fou?

— Mais non, me dit-il, c'est dans la Bible, au chapitre des marchands du Temple.

* * *

Après toutes ces émotions de mariage et de bon travail de création accompli dans cette ville qui si longtemps m'avait boudé et maintenant m'acceptait, il était urgent pour ma femme et moi de sortir de nos trous sans air et d'aller respirer un peu sur les terrasses.

C'est un grand bateau blanc qui nous emporta en voyage de noces sur les eaux du Saguenay que je n'avais jamais vues.

Le vol des mouettes.

Les longs coups de coude des vagues.

Comme tenus au bateau par des ficelles, quatre goélands, ailes ouvertes, ont fait le voyage au-dessus de nous.

Nous pensions à tout ce monde laissé derrière. La rue, la coulisse, la chambre au quatrième, la monotonie des jours, l'inutilité de l'espérance pour plusieurs, tandis que nous, la grande permission de l'espoir. Et la mer sous le bateau... parfaite image de l'amour.

Frais et dispos, noirs de soleil et de vent, nous sommes rentrés à l'automne, après un long stage sur la ferme d'un lièvre beau-frère, au pays des pommiers et du cidre.

Chapitre VI

Comment je m'intéressai follement au théâtre, guidé par l'homme-prêtre de mon mariage, rencontré au cocktail mondain, et comment dans une vieille ambulance, avec nos accents de province et nos mines de lièvres enthousiastes, nous fûmes porter la parole de maître Molière, dans une ville des U.S.A.

Nous avons tous nos lubies, nos marottes. Il y a les collectionneurs de timbres, de médailles à chiens, d'écus, de colonies, de soldats de plomb, de cannes d'aveugles, de tableaux, voire de cadavres.

Moi, à l'époque, je collectionnais les disques de musique tzigane pour laquelle, depuis mon jeune âge, j'avais prédilection.

Je me procurais ces disques: chez un ami, un autre dans un poste de radio, un autre chez le marchand de musique quand il avait le dos tourné, où Dieu sait quoi.

Évidemment, je n'avait pas de tourne-disque, mais je me servais du truc enseigné par un Italien, mon ancien professeur de guitare (vous en ferez ce que vous voudrez). On se laisse pousser l'ongle du petit doigt, que l'on emploie comme aiguille à passer dans le sillon de ses disques, lesquels on fait pivoter sur sa main, les soirs d'ennui. C'est pas excellent, mais ça occupe, sans déranger les voisins.

Ce qui m'amène à vous parler de la marotte de mon ami-prêtre homme de théâtre. Lui, c'étaient les vieilles choses. Vieux habits, vieilles chaises, vieux livres, vieilles voitures. Il fallait lui servir à manger du vieux fromage dans de vieilles assiettes, il buvait du vieux café dans de vieilles tasses, parlait des vieux pays, de vieilles traditions et se peignait avec un vieux peigne. Pourtant, de ma vie, je n'ai rencontré un homme si jeune.

Depuis toujours, ce prêtre, en plus de ses activités religieuses, s'occupait de trouver et de former des jeunes comédiens pour la scène, lesquels, inévitablement, l'abandonnaient quand des responsabilités de famille les obligeaient à aller vers la sécurité matérielle. Car, il faut vous dire qu'en ce pays nouveau du Nouveau-Monde, où le théâtre est aussi peu connu que la culture du riz, il est bien difficile de ne pas être pionnier malgré soi, dans n'importe quel domaine où vous lancez vos énergies. Lui, c'était le théâtre et moi de le regarder faire et de m'instruire. Avec une dizaine d'autres mordus, je l'ai suivi dans ses déménagements à travers la ville, de sous-sols en maisons de rapport, de greniers en salles publiques, de caves en roulottes, jusqu'au bout d'un champ de patates, situé près d'un lac à trente milles de la cité. Il voulait que, la nature aidant (il avait lu ça dans une revue française), nous reprenions contact avec la vérité, loin des bruits de la ville. Ce qui faisait bien mon affaire rapport à la pêche qu'on pratiquait dans le lac et au sport du traîneau à chiens dont j'étais un vieux connaisseur. Ce dynamique bonhomme a quand même réussi à nous y faire vivre deux ans, les uns de dégoût s'en allant et les autres séchés de peur et de froid, par le silence et par la vie sans distractions. Quant à moi, j'y suis resté, mais cela vous sera narré plus loin dans un autre désopilant chapitre.

Nous courions donc les fêtes et les occasions pour jouer la comédie ancienne dans des salles de quartier. Il avait compris, presque seul contre tous, que les comédiens, en jouant la comédie, glorifient Dieu autant que le curé qui excerce son ministère.

Il voulait que l'artiste ait droit de cité autant que l'avocat ou l'industriel. Ce qui lui crevait le cœur, c'était l'ignorance de l'autorité qui ne voyait ni l'utilité ni la nécessité de l'artiste, le gaspillage des talents engagés par erreur dans des vocations où ils n'avaient rien à f... et le minable idéal des compilateurs d'écus. Il savait de longue date qu'un pays sans artistes est un pays sans esprit. Et comme ici le talent ne manquait pas, il fut une époque, la sienne, riche de la seule joie valable: celle des idées.

Si, aujourd'hui, quelques poètes sont hantés par une dramaturgie nationale, les comédiens par des rôles d'expression universelle canadienne et une partie de la population par la hâte de se voir reconnue et applaudie à l'étranger, nous lui devons, dans les premier labours, les premières semences.

Jugez un peu des audaces que la bonne maladie de théâtre lui donnait.

* * *

C'est dans une vieille ambulance de la marine, achetée par le patron au «surplus» de guerre, que nous nous embarquâmes, un matin de neige, pour le célèbre voyage dans une ville des U.S.A., Boston, pour y jouer la comédie de M. Molière.

Un soir que je me faisais écouter un disque tzigane sur l'ongle de mon petit doigt, il vint à moi, ce lièvre de théâtre, et me dit en visant un vieux fauteuil défoncé mis là pour lui: «Cesse la musique et prête-moi une longue oreille. C'est sérieux. Il me manque un comédien pour jouer le valet de la pièce de M. Molière. Depuis quatre jours je réfléchis, et depuis quatre jours je me dis: «Il n'y en a qu'un seul pour jouer ce valet à Montréal, qu'un seul et c'est toi.» Tu as le physique du lièvre-domestique, la voix traînarde, la diction épaisse, la charpente maigre du subalterne, le regard bête et la compréhension lente du paysan. Tu es l'idéal. Voici tes lignes, il y en a quinze. Apprends-les. Nous partons demain matin à huit heures et revenons dans deux jours.

Il disparut, léger, dans ses vieux souliers éculés, laissant sur le parquet ciré par ma femme une flaque boueuse de vieille neige noire.

Ma femme, pour m'empêcher de rêvasser à la gloire, car je me sentais étourdi d'orgueil à la pensée que les Bostonnais m'apprécieraient, me fit apprendre mon rôle de valet; et je m'endormis, pensant à la chance qui me donnait peut-être rendez-vous, dans ladite ville des U.S.A.

À sept heures le lendemain, j'étais à la porte, frais rasé, en casque de loutre, avec mes galoches cirées, mon foulard brun croisé sur la gorge pour la voix, mes mitaines d'une main, mon rôle de l'autre. Je m'amusais à répéter pour les oiseaux d'hiver, qui habitaient l'arbre d'en face.

J'entends le moteur de l'ambulance qui débouche au coin. L'auto remplie de comédiens s'avance dans un joyeux tourbillon, passe et continue sans me prendre. Je me dis: «Ils vont revenir, il me croient à l'autre coin, ils ne m'ont pas vu». Et je répète mon rôle en me souriant: «Tout de même, si je suis le seul à Montréal pour le jouer ce rôle, ils vont bien revenir me prendre». Ils sont revenus deux heures plus tard. L'explication ne fut pas longue: ils m'avaient oublié.

On me donne une pile de programmes, siège habituel de chaque comédien en tournée, car, dans cette ambulance, il n'y avait pas de sièges. Allez donc vous embarrasser de sièges encombrants, qui, ma foi, prennent autant de place à eux seuls que des humains! Pas de sièges, résultat: chargement humain doublé. La manière forte était donc depuis toujours dans cette troupe sportive et dynamique. Chaque comédien prenait sa pile de programmes, haute comme un petit banc, s'asseyait là-dessus où il voulait, se déplaçait, se ravançait, se glissait, se reculait, se levait. Ladite pile de programmes était solidement attachée par une ficelle à quinteau, avec les nœuds qui vous rentraient dans les fesses. Quand même, c'était commode, pratique, économique, fonctionnel. On ne risquait pas, dans les arrêts brusques, de se cogner la tête sur les dossiers insipides: il n'y en avait pas. C'était, je le répète, gai, intelligent, jeune et passionnant.

Au retour des représentations, ceux qui avaient réussi à vendre leurs programmes restaient debout comme récompense. Et, tout le long, on chantait jusqu'à épuisement. Surtout lors de ce mémorable voyage, qui dura trente heures. Rares sont les comédiens ou comédiennes, sur les onze que nous étions à l'arrière, qui on pu dire après: «Je ne suis pas épuisé.»

Attendez que je vous raconte.

Donc, en route vers la sortie de la ville.

Après une bonne heure de course dans cette magnifique campagne canadienne, si riche de lumière, il nous fallut retourner. Un lascar de comédien de la troupe s'étant mêlé de dire, carte routière à la main, que nous roulions en sens opposé aux U.S.A. On rebroussa donc chemin. Et il nous fit plaisir de retraverser la ville non seulement pour assister au joyeux trafic des sorties de bureaux du midi, mais pour essayer notre sirène de policier qui fonctionnait d'une façon pas du tout gênante. Et il y a aussi les monuments publics, les drapeaux de toutes les nations flottant sur les maisons de commerce, les escaliers extérieurs, les petits jardins dissimulés ça et là, qu'on revoit toujours avec attendrissement.

Cette fois, ça y est, droit devant nous, après le pont, où il y a embouteillage. Direction: U.S.A.

Jusqu'au moteur de l'ambulance qui ronronne et chante comme un fou et les roues qui sifflent de joie dans la belle neige molle, tombée de la nuit.

Après les chansons (après épuisement des chansons serait plus juste), nous nous sommes mis à parler anglais, histoire de nous délier la langue, tout en se mettant dans l'atmosphère, et de jouer les Américains; car nous étions des acteurs. Cela dura un bon quatre heures. Après épuisement de cela, ce fut moi qui eus l'idée de changer de siège ou de pile de programmes, en se les lançant au visage; comme on dit, ça change le mal de place. Ce fut une rigolade terrible, surtout pour les femmes qui, pas assez vives ou assez fortes pour attraper le petit banc, tombaient de tout leur long les unes sur les autres, le chapeau par terre, la permanente dans la bouche, la robe sous les bras, le pied sur le cou d'une compagne, les doigts d'une autre dans les oreilles. Même celles qui saignaient du nez ou qui avaient cassé leurs lunettes riaient comme des folles. Quelques ficelles avaient cédé, alors c'était les programmes qui vous tombaient dessus, quinze à la fois comme de gros confetti. Après épuisement de cela et quelques hystéries du genre, ce fut la noirceur sur les champs et le sommeil qui s'empara de chacun. Affamés, brisés, froissés, exténués, sales, nerveux, heureux, la plupart riaient dans leur sommeil et continuaient de faire le geste de lancer des bancs en abattant leur poing sur la figure du voisin, lequel, avec un restant de souffle venu du fond de l'oubli, lâchait un rire ou un juron en anglais.

Mon ami, le prêtre-directeur, me fit venir en avant pour prendre le volant. J'essayai de sortir par la porte d'urgence, mais elle était bloquée par la caisse de costumes et par nos précieux projecteurs attachés l'un dans l'autre avec de la solide broche à foin.

Je réussis quand même, en m'amusant follement, à passer par le carreau large comme ma tête, qui sépare le siège avant de l'arrière. Aidé par un camarade qui venait de se réveiller, et qui, d'un œil vif, voyant ma difficulté, me poussa de tout son restant de force comme on pousse un sac de patates: j'atterris enfin de l'autre côté, le nez sur la pédale d'embrayage et les doigts sous la pédale à gaz. N'eût été ce talon coincé dans le carreau et trois boutons de mon paletot qui avaient sauté, j'aurais sûrement autant ri que ceux qui furent témoins de ma rentrée dans la carlingue.

Après avoir ramassé mes sous, mon peigne, mes papiers et tout ce que j'avais dans mes poches qui, fatalement, étaient tombés sur le plancher, après avoir pris un moment, pour que le sang que j'avais dans le cerveau se déverse un peu par en bas, je retapai mon chapeau mou et m'installai gaiement au volant. Grignotant un vieux morceau de fromage, le lièvre-directeur, les yeux rougis de fatigue, me dit en riant et tapant son pied sur le mien: «Vas-y, une chanson, une chanson».

J'improvisai sur les lieux cette petite chanson, inspirée par la folle ambiance:

My heart is filled with sweet sorrow
Oncle Jerry died last night
He left me behind with two millions bucks
*Oh! sweet grave, keep him tight**.

Et autres fariboles comme *Le Picabou* et plusieurs inventions de mots et de sons qui surgissent quand les nerfs ne pensent qu'à jouer tellement ils sont éveillés.

Après avoir contourné deux fois les montagnes dites blanches, à cause qu'elles sont noires (mais personne ne s'en est aperçu, les uns sur les autres qu'ils étaient dans le fin fond de l'abîme du sommeil), je dérapai de mon chemin et soudain butai contre quelque chose de si dur que l'ambulance s'arrêta pile. Avec le père-lièvre, mon ami prêtre, nous fûmes voir, et nous penchant devant l'auto qui s'était arrêtée sur un énorme pilier de béton, nous avons vu en bas, non sans quelque surprise, vaguement mais assez pour constater, la tête des sapins qui pointaient du fond d'un précipice de cent pieds de creux au moins. Ni une ni deux, avant que se réveille le cargo de comiques en sommeil, un *Je vous salue Marie* en vitesse et marche arrière et marche avant, et bonsoir le ravin.

Il serait dommage que j'oublie de vous dire qu'avant d'arriver à Boston, nous avons traversé un passage à niveau sans barrière, n'ayant pas vu la lumière rouge, cachée qu'elle était par les voitures à la queue leu leu qui attendaient, on ne savait pas trop quoi. À ce moment, le pasteur-directeur avait le volant. Et laissez-moi vous affirmer qu'il n'est pas homme à se laisser impressionner par des voitures arrêtées à la queue leu leu. Il fonce et va voir. Alors, il a

* Mon coeur porte un deuil très doux
L'oncle Jerry est mort hier
Il me laisse avec deux millions
Oh! cher tombeau, garde-le bien.

doublé toute la suite de voitures et hop! sur la voie ferrée. Il était temps qu'on la quitte, et heureusement qu'une poussée de gaz fit bondir l'auto, parce qu'on entendit «ping», un petit bruit, comme votre ongle sur un verre de cristal, puis un énorme nuage de fumée nous enveloppa totalement. Nous venions d'être touchés du doigt, «ping» je vous le dis, par le rapide de Boston qui passait à quatre-vingts à l'heure. Un deuxième *Je vous salue Marie* en vitesse et hop!... Il nous fit bon au cœur de nous éloigner de cet endroit à flirt avec madame la Mort.

Mais j'arrive à Boston.

Il est quatre heures du matin. Le prêtre au volant, mon ami ne connaît pas la ville et sans se tromper, comme un vieux chauffeur de taxi de Boston, il arrive droit sur l'hôtel Danger, l'endroit précis où il voulait aller. Il n'avait pas retenu de chambres, il en demande onze et les obtient toutes.

Pendant qu'on cherche nos respirations comme des noyés sortis de l'eau et qu'on se déménage dans nos chambres, on constate qu'ici c'est l'été, que la nuit est douce et qu'il n'y a pas un grain de neige. Nous devons avoir l'air pittoresque avec nos galoches, nos mitaines et nos foulards des pays de neiges. Au diable. Vite, le lit. On y laisse tomber nos corps. Et à demain les visites, le spectacle, la toilette, le programme et tout.

Ces aventures vraies qui nous sont tombées dessus le lendemain, en un jour de soleil splendide et de chants d'oiseaux jusqu'au ciel bleu, il me fait plaisir de les tirer de mon journal de lièvre et de vous les livrer.

Chapitre VII

Comment je fus désigné malgré moi pour transporter le lit de l'ambulance par l'allée centrale du théâtre et de la joie qu'on éprouve à tenir, en plein trafic américain, une chaise à porteur qui pend du derrière de l'ambulance et qu'on vous a attachée aux poignets pour qu'elle ne tombe pas dans la rue américaine.

Quand le pasteur-lièvre-directeur-chauffeur cherchait des papiers dans ses poches et, paletot sur le dos, téléphonait d'une main, donnait des instructions de l'autre, annulait des rendez-vous, courait de la scène au contrôle, de la cage des machinistes au balcon, puis se laissait glisser le long des draperies, on devinait facilement qu'il allait disparaître pour nous laisser les corvées.

Quelques heures avant le spectacle, plus exactement à dix heures de l'avant-midi le père-directeur devait voler à la gare y chercher les décors arrivés par le train de nuit.

Décharger un camion de bière, ou de légumes ou de volailles ou de denrées ou de viande, ça se fait tous les jours et personne ne le remarque.

Mais dans une avenue impeccable, bordée de gentilles fleurs tout le long des trottoirs, en face d'un théâtre à haute réputation, étincelant de propreté avec ses enseignes plaquées d'or, sortir un lit de camp d'une ambulance crottée, déposer ledit lit sur le trottoir et le charger de claques* boueuses, de galoches fumantes, de mitaines sales, de passe-montagne, de gilets de laine, de programmes souillés et de couvertures comme on s'en sert pour couvrir les chevaux dans les chantiers, prendre tout ça à deux hommes, ouvrir les portes centrales du théâtre devant la foule de badauds vêtus de fraîche flanelle blanche qui grossit et s'amuse et lance des réflexions dans un jargon inconnu, c'est dur.

Je le sais, parce que j'étais un des deux hommes.

La porte était donc ouverte, l'homme et moi on fonce avec ledit butin par l'allée centrale pour aller foutre toute cette saleté dans le chaos des coulisses. Il est devant, et marche à reculons, je suis à l'autre bout du lit et je le pousse tant que je peux. Soudain, on s'arrête net, quelque chose bloque, quelque chose a accroché quelque part. De ma main gauche, je tâte où c'est accroché, pendant que je soutiens la charge avec mon genou. Une simple épingle retient une couverture de laine... je regarde, ladite épingle tient en même temps la coiffe d'une religieuse américaine, venue s'asseoir là un moment, histoire de prendre des renseignements sur notre spectacle français. Je ne la vois qu'à moitié, la coiffe lui pendait sur un œil, mais j'ai vu dans son autre œil qui était gris et triste, ce qu'elle pensait de notre troupe. Le temps de compter jusqu'à trois, et on est rendus derrière les coulisses, moi, l'autre homme et tout le barda, au fond dans le débarras sans lumière, où les régisseurs jettent les accessoires brisés et les meubles qui ne servent plus.

Ça ne faisait que commencer.

Le directeur-pasteur m'attendait dans l'ambulance pour aller chercher les décors à la gare.

Je m'en fus avec lui, léger et alerte comme un âne qu'on aurait battu au point qu'il ne sent plus les coups et s'en va, traînant une charge de bœuf, sautillant et gambadant parmi les fleurs. Je poussai même le cynisme jusqu'à me piquer une fleur rouge sur le chapeau, et en route vers la gare.

---

* *Claques*: caoutchoucs.

Ayant pris connaissance de nos papiers, un gentil lièvre-officier à face de lard, préposé aux bagages, nous dit en traînant la voix:

«Pour prendre livraison de vos décors, faites le tour de la bâtisse, derrière la quatrième aile, sixième allée bis après trois signaux rouges, une alarme, avant le cul-de-sac, après le viaduc, porte 112 qui mène à la petite cour 14, dépassés les aiguillages suspendus. *Can't miss* (pouvez pas le manquer).»

Mais on a bien failli.

Les costumes pour la figuration, souples à peu près comme du plâtre mouillé (on aurait dit qu'ils étaient venus à pied en courant sur les rails), furent placés au fond avant de l'ambulance, moi par-dessus, tenant la chaise à porteurs coloriée gaiement de vert, rouge, bleu, or, noir, jaune, laquelle inoubliable chaise n'entrait que de moitié dans le derrière de l'ambulance, le reste pendant dehors. Ce fut un détail pour le directeur-pasteur, de trouver un bout de corde à linge, de m'attacher la chaise aux poignets, de se glisser au volant, et hop! nous voilà partis en sifflotant.

C'est parce que la vitre qui séparait la carlingue du derrière était fermée, que le directeur-pasteur n'entendit pas tout de suite mes appels au secours. J'étais littéralement en train de me faire arracher les bras, j'avais même entendu des cric crac de déboîtement d'os aux épaules.

«Un canif, donne ton canif.»

J'étais bien posté pour lui donner mon canif, si j'en avais eu un.

Mais le père n'est pas en peine pour si peu. À l'homme de cour d'aiguillages, qui est là à cinquante pas, il demande en riant s'il n'aurait pas un couteau à lui prêter. L'homme en a un et le prête gentiment. Je suis libéré; on attache la chaise au système électrique du plafond, qu'on trouve en déchirant la cloison.

Je dis au père, un peu plus loin :

— Vous avez oublié de remettre le couteau au lièvre qui vous l'a prêté.

— C'est vrai, qu'il fait. Ah! puis le diable l'emporte, on n'a quand même pas le temps de courir les prêteurs de canif.

Et nous filons comme des troubadours heureux, pensant au succès probable, forts, vainqueurs, pas tuables, jusqu'au fond du cul-de-sac car on avait pris le cul-de-sac. Il nous fallut revenir sur nos pas, passer près de l'homme au canif qui attendait debout, très calme, qu'on lui remette son bien. Le père-directeur lui improvisa sur-le-champ un petit mensonge bénin, lui remit son canif et en plus une poignée de billets pour un spectacle qu'on avait joué l'année d'avant à Montréal. Et *good-bye* ! que je suis parti.

C'est à peu près tout de nos aventures à Boston, sinon que le spectacle commença à cinq heures de l'après-midi, au lieu de deux heures et demie. Et que le lendemain on lisait dans un journal bostonnais que nous étions: *The strangest actors of the world.* Quand on s'est fait traduire la signification de ces mots, on a dit, le pasteur-directeur et moi: «On veut bien. Et après?»

Et nous reprîmes la route vers notre cher Canada, après quelques difficultés aux douanes américaines au sujet de cigarettes que le pasteur avait enfouies sous son chapeau et qui tombèrent aux pieds des douaniers, quand voulant remercier les officiers de leur gentillesse, le pasteur souleva le chapeau à la française.

À part cela, rien.

Trois semaines de vacances forcées à chacun au retour, quelques repos à l'hôpital pour les plus atteints, un examen mental à l'une des filles qui n'arrivait pas à contrôler ses crises de fou rire: pourtant, on était arrivés depuis quatre jours. À part cela, rien.

Au sujet de la jeune fille-lièvre qu'on ne revoyait plus au théâtre, on apprit qu'à la maison on l'avait gardée.

Chapitre VIII

Comment vint au monde mon petit garçon-lièvre aux yeux bleus et la joie de le voir réussir ce tour de force de nous tenir quatre mois sans manger, ni dormir, ni sortir.

Ma femme me réveille donc aux petites heures et me dit:

— Appelle le taxi, c'est l'heure.

Je consulte le livre médical de la femme qui va être mère, à la page où elle en était, et je lui dis:

— Dors, c'est pas ça, tu as sauté quatorze pages.

Attends au moins la crevaison du barrage.

Mais c'était pas ni ci ni ça: c'était ça.

Un vendredi 13, avec la pluie noire qui tombe d'un ciel noir comme de l'encre et des roulements de tonnerre de malheur sur toute la cité endormie.

Je me précipite au téléphone. J'appelle le taxi. Puis le médecin, qui me dit: «Reste où tu es, j'arrive. Ne va pas à l'hôpital».

J'essaie de joindre le taxi pour annuler l'appel. Il est déjà en route. Ma femme me crie: c'est pour me dire que sa jaquette est mal pliée dans la valise. Je lui réponds: «On reste ici». La porte sonne.

— Entrez vite, par ici, dis-je au médecin, en lui prenant le bras et l'entraînant dans la chambre.

— Je ne suis pas le médecin, mais le taxi.

Je le paie, je le renvoie, et le médecin arrive. Il enlève son veston et retrousse ses manches. Il est devant, je suis derrière, ma femme en bas, la lampe au-dessus de nos têtes et la pluie sur la vitre qui ricane, le bassin d'eau chaude par terre, les serviettes sur chacun des cadres, comme dans l'ancien temps. Dans un instant le petit sera au monde. Les sueurs nous abîment, le mari et la femme. Voilà donc que la porte d'en avant sonne et sonne et sonne sans arrêt. Cette sonnerie fatigue visiblement ma femme. Je cours en avant, j'ouvre; entre un prélart roulé tenu par un lièvre-livreur qui est dessous, C'était bien le prélart qu'on avait commandé la veille.

— Oui, dis-je, déposez-le là. Merci. À une autre fois.

Je reviens, mais le livreur me suit, je l'arrête, je veux le chasser, je lui explique ce qui se passe; il me tend sa grosse et bonne main et vrai comme je suis là, il me fait:

— Mes compliments, mais c'est un C.O.D*.

Quand on a pu souffler un peu, que ma femme reposait, et que le petit était dans les bras de la garde-malade, accourue je ne sais comment, je montrai au médecin les ciseaux à coudre que j'avais mis là, en cas, une poignée d'allumettes pour brûler les ciseaux, et de la corde à magasin pour attacher le cordon. Il dit: «Tu es bien brave».

Je tournai de l'œil et tombai sans connaissance dans ses bras. Ce fut surtout ma femme qui, du fond de sa chambre, me réconfortait: «Mais non ça va, ça va. Tout est fini maintenant, tu es sauvé».

Cette humiliation me rendit mes esprits. Pour me punir de ma lâcheté, je marchai dans cette journée la valeur de quinze milles mis bout à bout, en voltigeant de biais, d'une pharmacie à l'autre, pour les suces**.

Le soir tomba. Ma femme avait passé son petit «sur-

---

* Abréviation de *cash on delivery* (contre remboursement).

** *Suce*: tétine.

tout» rose avec cordelet bleu, l'enfant dormait, la garde lisait, moi je louchais de fatigue. Je me sentais si maigre que j'aurais pu sortir de ma chemise par le haut, sans la déboutonner.

* * *

Dans la maison, une grande visite nous était venue. Et seul dans la cuisine, le front sur le tapis ciré de la table, je remerciai le bon Dieu de nous avoir envoyé le petit sain et sauf et d'avoir sauvé ma femme. Car, dans ces moments-là, le mari ne le dit jamais, mais il est convaincu que sa femme ou le petit va mourir.

À trois jours de là, venant juster de terminer mon lavage de couches, j'étais assis à l'extérieur dans les marches de l'escalier, laissant le soleil réchauffer un peu le cadavre que j'étais, lorsque, à ma grande joie, je vis venir mon frère-lièvre, avec des petits cadeaux sous le bras. Il s'arrêta en face de moi, et me demanda poliment, casquette à la main, où habitait son frère. Il ne m'avait pas reconnu.

Ce fut le lièvre-pasteur-directeur qui présida à la cérémonie du baptême, paya les cloches et nous ramena à domicile, y compris le petit et la marraine, en faisant quelques fantaisies de fête au milieu de l'avenue, dans une vieille voiture d'occasion achetée la veille.

Cela devait finir ainsi, je m'y attendais: une crevaison. Étant donné qu'il y avait pas de taxi dans les parages, nous sommes revenus à pied, moi portant le petit, la marraine suivant derrière, le visage soudain fermé comme une porte de prison.

Quand on n'entend pas le petit, on va voir, parce qu'on pense: «Il est mort». Quand il braille, on dit:«Il va s'étouffer». On marche sur le bout des pieds, on parle sur le bout des lèvres, on pense sur le bord de la pensée, on mange sur le bout de la cuiller. Mais ce n'est pas cela. Ce n'est pas non plus le gai lavage de couches à grande eau, à genoux devant le bain, ni l'étendage sous les yeux des femmes-voisines qui ont le sourire satisfait de voir un homme tremper un peu dans le travail de femme. Ce ne sont pas les sept boires par jour, sans oublier le plus poétique, celui de quatre heures du matin, ni la préparation des boires, ni le repassage, ni l'ordinaire. C'est d'entendre en haut des gens qui rient, ou qui reçoivent des amis, ou qui sortent ou qui dorment la nuit, ou qui travaillent le jour, ou qui passent en automobile. On est convaincu que jamais plus la vie normale ne reprendra pour nous.

Puis le temps passe, l'enfant grandit. Tout redevient normal, les heures comme les jours. Voilà qu'on apprend que celle qui riait et recevait ses amis le soir de la naissance de notre enfant, attend le sien ce soir. Alors, sans méchanceté ni malice, on se dit:«Comme c'est drôle! Et nous ce soir qu'on attend des amis et qu'on va rire un bon coup!»

C'est chacun son tour dans la vie du bon Dieu.

* * *

Un ami oculiste, de la même savane que la mienne, à qui j'exprimai mon désir d'aller faire une course rapide chez ma mère-lièvre pour quérir de menues choses pour le petit, me fit cette réponse:

—Tu te mets bien en peine pour les trains et pour les raccordements de trains et d'autobus, quand il est si facile d'avoir à ta disposition une excellente voiture avec chauffeur.

Il était drôle, lui!

—Ne sais-tu pas que c'est les élections? qu'il me fait.

—Ah!

Je ne savais pas. Comme je vous dis, la politique étant un couloir aussi éloigné de moi que le couloir polonais.

—Comme moi, tu es entegistré sur les listes électorales de notre pays. Alors, si tu veux, une voiture du parti viendra nous prendre demain, et nous ramènera dans la soirée.

—Quel parti? dis-je.

—Celui que tu voudras.

On tire à pile ou face, et il téléphona au parti gagnant.

Le lendemain, une splendide voiture du parti, avec chauffeur, vint nous prendre à nos portes. Elle devait nous ramener le soir-même. Ce qui me convenait bien, car je ne voulais pas laisser ma femme seule, la nuit, les premiers temps de la naissance du petit (ne voulant surtout pas manquer le boire du matin).

Donc, ladite voiture fut au rendez-vous, le lendemain à heure fixée. Je m'en fus voir mon père et ma mère et mes frères et leur distribuai à chacun (comme je le faisais à presque tout le monde que je rencontrais) une photo de mon fils-lièvre, âgé de quelques jours.

— Je suis venu voter, dis-je à mon père.

— Ah! Et de quel parti-es-tu?

— De celui de la voiture, qui est le contraire du vôtre.

— Bravo, qu'il me dit, j'ai un fils bien niais.

Puis, avec un petit sourire, je m'en fus voter, ni pour le parti de la voiture, ni pour le parti de mon père, qui jamais ne m'aurait pardonné si belle occasion de rire de l'humanité en général.

Le chauffeur, à l'entière disposition de mon ami et de moi, nous attendait aux portes, et nous ramena avec armes et bagages, chacun chez soi le soir même, au nom de son parti, en nous remerciant discrètement de notre vote.

— Motus?

— Motus.

Tous le monde fut content. Excepté le postillon de mon pays qui faillit perdre sa position, parce qu'on avais pris mon vote pour le sien. Et le mien n'était pas selon la tradition.

C'est d'ailleurs le seul vote que j'accomplis de ma vie, étant, sur ce point, lièvre à ne pas citer en exemple, comme si souvent on cite le mouton.

Chapitre IX

Comment l'engouement pour le théâtre nous rongea au point que nous fondâmes une compagnie théâtrale, devant l'insistance que mettait le gouvernement à voir fleurir les arts nationaux, la protection que nous offraient les banques et la folle rage du public, qui exigeait sur scène des divertissements de chez nous.

Les bases de cette compagnie furent jetées dans un petit hôtel de village, un petit hôtel caché et inconnu, où personne ne nous aurait dérangés, pas même les journalistes de la Grande Ville, qui, par équipes, en dehors de leurs heures de travail, fouillaient la ville et ses abords pour écouter toute conversation ayant trait au théâtre, porter aux nues le moindre projet artistique, encourager la plus petite manifestation paroissiale. Leur amour pour les artistes-lièvres du pays était si sincère, si spontané, si évident, que non seulement il était devenu gênant d'accepter leurs économies de poche, mais stupide de voir notre photo presque tous les soirs dans leurs papiers et nos moindres gestes racontés en long et en large dans la page des arts et lettres.

Il est bon d'encourager quelqu'un, mais les excès d'encouragement et l'exagération de lyrisme et d'enthousiasme devant des essais peuvent provoquer des chefs-d'œuvre, mais aussi conduire au danger qu'on se prenne au sérieux. Et pour être à l'abri de cette race d'hommes millionnaires qui vous chassent, vous pourchassent, vous téléphonent, vous écrivent, vous télégraphient, sont constamment sur votre chemin, emploient effrontément tous les moyens connus et inconnus pour vous donner leur argent, vous prêter leur argent; ils vous le fourrent dans vos poches.

«Prends-le, il est à toi, voilà un demi-million. Combien de théâtres voulez-vous, où les voulez-vous, quand, que faut-il faire de plus pour être actionnaires de vos compagnies?»

Et de sortir leurs références, de brandir des malles pleines de recommandations de copains millionnaires, parfois de se mettre presque à genoux... Non, non, ils étaient vieux, nous jeunes. Là aussi, il y a eu des excès malheureux, et nous ne voulions pas recommencer l'expérience des anciens lièvres, qui, aujourd'hui, avaient deux ou quatre théâtres à eux et dont les affaires marchaient trop bien. Maintenant ils s'ennuyaient avec leurs sacs d'argent et leurs listes de titres, dans leurs salons tapissés de récompenses internationales.

Nous voulions modestement travailler à nos formules chères, édifier un tout petit style, très spécial pour justement effrayer les foules, ces foules hurlantes, déchaînées par une presse en joie, qui à les écouter, nous auraient fait jouer le même spectacle jour et nuit, en permanence, comme dans les cinémas.

Nous n'étions pas des machines, que diable!

Je reviens donc à l'hôtel louche, ce petit hôtel comme il y en a partout, jamais fréquenté par les gens de la place, mais par ceux des villages éloignés, qui viennent là, inconnus, avec une petite amie-lièvre, en fin de semaine, faire leurs petites propretés hebdomadaires, sûrs de n'être reconnus par personne, un hôtel pas trop éloigné non plus, pour que ces braves gens puissent être à temps le lendemain, à la grand-messe du dimanche de leur propre village.

Cent cinquante dollars, que nous avions mis sur la table à trois, pour les fondations de la compagnie. V. avocat, ferait l'administration, M. artiste, ferait la mise en scène, et moi L. écrirais les textes.

Motus, silence, cachette, gare à l'enthousiasme des journalistes, fuyons les millionnaires; rejetons en principe toutes les offres du gouvernement, si alléchantes soient-elles, toutes espèces de mots d'ordre comme ceux-là! Et, au travail!

Il y avait l'histoire du p'tit vieux, malade au lit chez le fermier qui l'avait embauché la veille. Ce p'tit vieux voulait vivre, malgré toutes les raisons du monde qu'il avait de mourir, et les jeunes fermiers voulaient mourir, tant ils détestaient leur pays et leur métier. Apprenant que la jeune femme portait un enfant, le vieux lui a laissé sa place et s'en alla mourir dans le marécage, en demandant à la future maman de faire de la musique au lieu de colères.

Il y avait l'histoire de la muette, l'aînée de la famille, bâtie comme un homme, qui saignait les moutons et domptait les chevaux, sacrifiée volontaire pour que la cadette se fasse instruire dans les pensionnats. Cette pauvre fille avait un amoureux, un médiocre vieux garçon de village qu'elle aimait. La cadette, gentille et fraîche enfant de vingt ans, est de passage au lever du rideau et se réjouit d'apprendre qu'enfin sa sœur va se marier. Mais voilà que l'amoureux, excité à la vue de la petite, maintenant une femme, réussit à l'embrasser dehors. L'aînée, qui connaît les bêtes, sait tout ce qui s'est passé derrrière la maison sans cesser de coudre son vieux chapeau de feutre. Elle dit simplement: «Ne te rends pas malade, je sais qu'il t'a embrassée. Qu'est-ce qu'on va faire? Rien à faire. C'est mon sort.»

Il y avait un prétexte à jeu. Le banc sur la route que se disputaient deux paresseux, exploitant toute la ruse et la gamme de la malice paysanne pour se rouler l'un l'autre et se faire courir comme des coquins de charlatans de hameaux.

La visite à l'hôpital. Un brave camionneur rend visite, à l'hôpital, à son ami accidenté. Mais accidenté de luxe: patte dans la poulie, bandages partout y compris la tête, tuyauteries lui sortant du ventre, de la bouillie d'homme dans du coton absorbant, on ne voit qu'un paquet de linge, mais il est ludice, cet accidenté, et ne souffre pas. «Souffres-tu?» L'autre répond non par signes. «Je t'ai apporté des caramels et un jeu de cartes. J'ai vu ton camion, un paquet de tôle, etc.» Et toutes les questions insipides que peut poser dans cette situation un ami engagé dans un monologue dont il n'arrive plus à sortir. Finalement c'est lui qui meurt de syncope, pendant que l'accidenté secoue les épaules de rire.

Le passant charitable. Un homme vêtu de noir se rend à l'enterrement de son cousin, le matin. Il est arrêté dans la rue par une femme en déshabillé qui, à la porte de sa propre maison, explique qu'elle ne peut plus entrer chez elle, un coup de vent ayant refermé la porte il y a un instant, quand elle est venue prendre ses bouteilles de lait sur les marches. La voilà «emprisonnée dehors». Pas de clefs, pas d'échelles, que faire? Le passant charitable, malgré son retard, lui sacrifie trois minutes, puis dix minutes, puis une demi-heure. Il casse un carreau avec son soulier qui tombe dans la maison, casse ses lunettes, déchire ses habits, piétine les fleurs, se coupe la main, se souille, à quatre pattes dans la vase, en voulant faire un banc pour qu'y monte la femme. Le mari (qui travaillait de nuit) survient, voit la scène, prend la clef qui était au-dessus de la porte, fait entrer sa femme, additionne les dégâts, fait payer le pauvre homme qui retourne chez lui, boitillant, sale, battu, pour avoir voulu rendre service.

L'affaire décourageante d'un vieux renard d'homme de montagne qui a besoin d'un mort dans sa coulée*, afin que le gouvernement vienne refaire son chemin qui est dangereux à cause de la crête des cailloux. Pour ce, il exploite le découragement de Clophas, un simple d'esprit qui, pour un chagrin d'amour, veut mourir, veut se voir à six pieds sous terre. «Tu es mon homme», etc.

Le vendeur. Un jeune homme qui n'aime pas son métier de vendeur de produits de beauté, se fait donner une leçon

---

* *Coulée*: ravin.

par un ancien vendeur, retiré, heureux, à la campagne. Ce dernier, pour illustrer sa mise en scène, se sert de sa femme et du vendeur comme clients. Il va à la porte, frappe et joue le vendeur, pendant que les jeunes, à sa demande, jouent au mari et à la femme, etc.

Quatre comédiens jouaient dix-neuf personnages. Et moi, la guitare au cou, je faisais les liens entre les rideaux avec des chansons spécialement composées pour présenter chaque saynète.

Nous répétions de nuit, parce que le jour était réservé au gagne-pain. Et dans ma cave, et dans la tienne, dans mon grenier, dans ton entrée de porte, sur son palier, derrière ma corde de bois, au bord du chemin de campagne, dans le train de nuit, dans ta cuisine, dans son garage, sur ma galerie, partout où il y avait quelques pieds de paix. Ma cuisine était transformée en atelier de décors, nous mangions debout autour de la glacière, pendant que sur la table séchaient des fenêtres, des masques, des toiles de fond, et que nos femmes-lièvres, leur petit accroché dans le dos comme chez les Esquimaux, découpaient des cartons, marquaient dessus des numéros, pliaient des enveloppes, prévenaient les amis par téléphone quand le grand jour arrivait. Une vraie organisation de quêteux*, de fous joyeux, d'heureux imbéciles.

* * *

Enfin, un matin de printemps, dans la voiture à lait, avec le cheval de mon voisin laitier, je pars suivi de mon chien vers la salle paroissiale de mon village où j'habitais depuis un an, pour monter les décors.

Le rideau s'ouvre le soir même, sur le spectacle qui nous avait coûté un an et plus d'ouvrage. Ce fut un triomphe. On le déménagea à la ville, dans l'unique salle disponible (car il faut dire que dans cette deuxième ville française du monde

---

* *Quêteux*: mendiants.

de presque deux millions d'habitants, il y a un théâtre). Hélàs! on dut interrompre le spectacle après trois soirs, céder notre place, la salle étant louée à des dévisseurs de poids lourds qui, eux aussi, avaient quelque chose à montrer.

Nous restait la campagne, et l'enthousiasme des organisations paroissiales, si figées dans l'immobilité que la mousse leur pousse dans la barbe.

Le spectacle fut interdit dans le premier village par un brave curé sourd de partout, puis interrompu dans un autre par la présence d'une attaction supérieure: un homme pliait des clous avec ses dents et soulevait des tonnes de fer avec son ventre dans la salle d'en face.

Et ces foules, mon Dieu! et ces articles!

Un soir, trépignant d'aise, nous avons compté onze personnes dans une salle, mais il faut dire la vérité: six s'étaient trompées et croyaient que nous étions des animateurs du bingo. Enfin, elles sont restées parce qu'elles avaient payé, mais ne nous ont pas mâché leur appréciation à la sortie sur nos sales méthodes menteuses et malhonnêtes. Quand même, cinq étaient venus spécialement pour nous, dont un, fort compréhensif, qui, presque gêné, nous dit: «Je vous félicite. J'ai ri et j'ai pleuré, et c'est à regret que j'encaisse la taxe de douze pour cent».

Il était lièvre-officier du gouvernement venu percevoir la taxe d'amusement. Car, il faut vous dire aussi qu'entre autres honneurs, le gouvernement considérait le théâtre, la plus ancienne forme d'expression du globe, pain quotidien de tous les pays du monde, comme un objet de luxe. On en a connu de ces braves artistes de théâtre qui, pris sur le fait, sans argent pour payer l'amusante taxe, ont été conduits en prison, avec autant de suspicion que les joyeux trafiquants de narcotiques, de hachisch ou de morphine ou autres espèces d'inquiétantes denrées qu'on trouve au marché noir.

Vraiment nous étions gâtés. On se sentait vaguement considérés comme des contrebandiers, des clandestins des hors-la-loi, des surveillés, chez nous, par les nôtres, les mêmes nôtres qui ne faisaient qu'un bond aux guichets des salles publiques, quand l'affiche annonçait un spectacle venant de France ou de New-York.

Comme consolation, encore, si nous avions eu de vrais articles de compatriotes! Il y en avait et de profonds, hélàs! rarement d'accord avec les articles de lièvres anglais ou de lièvres européens de passage.

Évidemment, dans les jeunes pays de lièvres, de tout temps et de toujours, applaudir son frère est un geste héroïque, la crainte de passer pour un imbécile est un modérateur de transport, admettre le talent du voisin c'est presque avouer ne pas en avoir. Mon Dieu, comme on a de l'esprit et de la verve quand c'est pour démolir une œuvre que, dans le secret de son cœur, on aurait voulu écrire, mais comme les mots viennent laborieusement quand c'est pour reconnaître, admirer et s'incliner! Dieu merci, dans notre beau pays, nous avons en abondance et pour longtemps, j'espère, tous ces complexes charmants et pittoresques, qui donnent de la couleur à nos mœurs d'enfants gâtés et du piquant à notre légendaire renommée d'«aidez-vous les uns les autres».

Ainsi, de succès en succès, d'encouragement en encouragement, nous nous sommes trouvés nez à nez avec mademoiselle l'Évidence, qui nous chuchota doucement de mener une vie normale, c'est-à-dire fonctionnaire comme tout le monde, d'enterrer tout ça, de laisser pourrir la chose, quitte à la reprendre dans les siècles des siècles.

L'allégresse, quand elle vous tient dans ses serres, ne vous lâche pas facilement. V. s'en retourna à l'armée, M. à la radio, et moi à la prairie cultiver des choux et des carottes, mets favori des lièvres de campagne.

Résonne encore à mon oreille la phrase célèbre du courageux candidat qui disait d'une voix forte à la radio: «Pour vous prouver, chers électeurs, que je ne m'occupe que de vos affaires nuit et jour, je vous ferai une confession: je n'ai pas lu un livre depuis 1938».

File sans moi la galère...

Au fond, on ne méritait peut-être pas plus, étant nés pour un p'tit pain.

* * *

«L'Agité, pourquoi pas r'dresser les pattes de la table?
— Parce que mes jambes à moi ne sont plus réparables.

L'Agité, pourquoi ces entailles sur le dos de ta chaise?
— Parce que mon dos à moi souffre de grands malaises.

L'Agité, il pleut dans ta chambre et tu n'y prends pas garde.
— Mon toit comme ma tête, les deux sont bien malades.

L'Agité, le vent bat ta porte et secoue les serrures.
— Mes mains ne ferment plus à cause de mes jointures.

L'Agité, le feu dans ton poêle est plus froid que novembre.
— Touchez-moi donc le cœur qui baisse comme lampe.

L'Agité, ton jardin se meurt dessous les moisissures.
— Ma jeunesse est partie, les chenilles la mangent.

L'Agité, recolore donc le drapeau de ta grange.
— Faudrait du même coup teindre ma chevelure.

L'Agité, pourquoi t'éloigner de l'argent et du monde?
— J'ai juste assez de temps de m'creuser une tombe.

L'Agité, viens au bois danser, le printemps va renaître.
— Dansez si vous voulez, moi je r'tourne à mon maître.»

Je faisais des chansons. J'élevais des chiens. J'attendais la fin du monde, le cadenas sur la porte.

Dans la nuit, la lente brume comme une prière, comme une peine.

* * *

Un soir, nous eûmes le plaisir d'entendre un gros lièvre canadien, touriste assidu des pays d'Europe, fraîchement débarqué d'Italie avec photos, preuves, chiffres, programmes, souvenirs, tout ému dans la voix et dans l'œil, nous décrire vingt fois avec l'accent français, ses impressions artistiques inoubliables, ressenties dans les vieux pays. Talents, idées, réalisations, chefs-d'œuvres, paysages, civilisations, libertés, fêtes, c'était touchant.

Comme de braves ignorants, on avait la bouche ouverte et les oreilles pendantes, devant son érudition.

— Et ici? s'avisa de lui demander mon voisin, un lièvre à l'œil sec.

— Ici?

C'est là que le gros voyageur se mit à rire. Mais vraiment il était gentil d'avoir pitié de nous et d'essayer de nous instruire. Il n'osa pas, par politesse, devant moi, porter jugement sur mes chansons, mais on sentait qu'il en considérait la facture et la poésie à peu près comme un bourdonnement de mouche de cuisine. Il me rappela, presque fraternellement, que les compagnies montréalaises de disques m'avaient refusé.

— Tu vois, dit-il, rends-toi à l'évidence.

Il avait raison.

— Nous ne sommes que des porteurs d'eau et des coupeurs de bois, dit-il heureux, et pour longtemps.

— Tu as bien raison, lui dis-je; moi, demain, je prends ma pelle et je commence tranquillement, dans le jardin, à me creuser ma tombe.

— Pas jusque-là, qu'il me dit. Mais pour l'amour du bon Dieu, fais-toi paysan, fais le métier de ton père et cesse de t'illusionner.

Il partir en sifflotant un air de Paris, et en nous promettant bien de repasser dans six mois, pour nous faire part, cette fois, de ses impressions de voyage en Amérique du Sud.

On s'en fut se coucher, chacun dans notre terrier, plus petit de dix pouces, plus courbé vers notre impuissance, voulant déchirer nos essais, nous détestant d'avoir osé rêver à un idéal, ayant presque honte de vivre.

— Et vous, monsieur le Curé, que pensez-vous de tout cela?

— Moi? pourquoi me le demander à moi?

— Parce que, qui dit le clergé dans la province de Québec, dit puissance. Aidez-nous.

— Ma pensée se résume à peu de choses; je ne connais rien de cet animal. Vous me dites qu'il est malheureux, je prierai pour lui.

Chapitre X

Comment je tournai le dos aux lièvres à deux pattes qui vivent en groupe, et me rapprochai désespérement de ceux qui en ont quatre et qui vivent au bord de la forêt avec Dame Nature.

Je dis à ma femme:

— Tu comprendras que je veuille être seul, changer de décor, m'en aller pour quelque temps et ne plus voir personne.

Elle me dit:

— Je comprends. Va où tu voudras.

Je m'en fus au cimetière où était enterrée ma maman-lièvre, partie quelques mois avant. Il me fit du bien d'être seul avec elle.

Elle avait passé sa vie à nous parler d'idéal et de grand vol au-dessus de tout. N'était-elle pas un peu coupable de me voir là, planant tout seul, dans un monde inventé par mon imagination et qui était loin de celui qui vivait en bas?

— Ce sera quoi, au juste, que je ferai, moi?

— Toi? Plus que ça encore.

— Mais ça, qu'est-ce que c'est?

— C'est pas comme tout le monde. Je ne suis pas inquiète une seconde, tu verras. Prends le temps, respecte le temps.

— Je vais écrire? Je vais chanter? Quoi?

— Plus. Mais jamais tu ne seras satisfait, c'est ton lot. Tu créeras.

Vraiment, elle avait piqué l'étoile au dessus de ma tête, mais je ne m'étais quand même pas trouvé encore, quoique j'ai eu la joie de la voir lire, avant sa mort, un livre de moi, mon premier, dont je n'étais pas trop fier cependant.

Me voilà avec elle, au bord du découragement, mais le vrai, un sac au bord du chemin, le marasme, encore le trou dans la vie, l'assurance de m'être trompé sur toute la ligne. Travail inutile. Personne pour nous aider. J'entendais sa voix: «Mais non, va, attends, continue, tu es jeune, travaille, crois...»

Sa toute petite croix de bois piquée dans la terre.

Je suis sorti du cimetière, consolé, préférant, au fond, une solitude choisie à quelque carrière tapageuse, mais imposée.

Le lendemain soir, j'étais à l'Île d'Orléans, caché sous les combles d'un grenier de maison, chez un lièvre-cultivateur de mes amis, écrivant une nouvelle, qui ne fut jamais publiée: *le Fou de l'Île*.*

Je passais mes journées, dans les fonds, sur la plage, guettant la marée, pieds nus dans le limon chaud, ouvrant les coquillages avec mes orteils, visitant les pêches avec les vieux de l'endroit, charroyant des sacs de poissons sur mes épaules, observant le vol des outardes et le soir, en haut, avant la noirceur, lançant le cerf-volant pour amuser les petits de la maison. Deux mille pieds de ficelle que j'avais. On le voyait flotter de Sainte-Anne.

«Viens me rejoindre, dis-je à ma femme.»

Elle vint avec le petit, qui, sur le plancher de la cuisine, fit ses premiers pas.

Huit mois, nous sommes restés dans ce silence, battu du vent de mer, cette même mer qui, après un déchaînement de colère, endormait le couchant dans un grand lit rouge. Je

* Ce livre a été publié chez Denoël, en 1958.

tirais des coups de fusil, je battais les herbes à grands coups de gilet, refoulant les sanglots et la rage contre ma vie que je croyais manquée à jamais.

Pourtant, les gens s'ennuyaient, j'en avais l'assurance. Que reste-t-il à faire quand on a épaté le voisin avec une voiture plus neuve que la sienne, un compte de banque plus gros, une palissade plus haute? Rien. Les commerçants faisaient de l'or dans ce grand comptoir à richesses qu'est le Canada. J'avais des produits plein mes tiroirs, mais pas de marché, pas d'échange, personne qui s'intéresse, pas de clients. Je n'aimais pas les gens qui me disaient de changer de pays; c'était ici le pays où j'avais souffert et aimé. Les faiseurs de piastres n'étaient pas mon monde et il n'y avait que de ça.

«*If you don't like the world*, m'avait dit un nègre-philosophe de mes amis, *change it**.»

Heureusement, j'avais la guitare, mon amie, et j'ai fait *Bozo, la Complainte du pêcheur, Nicolas et le bal,* pieds pendants sur le clos, mâchant ma tige de foin. Quand les nuits étaient si chaudes qu'on ne pouvait dormir, je chantais pour mes amis-lièvres de la maison de l'île.

Puis, aux premiers galops, aux premiers givres sur les labours, je suis rentré, dans ma maison verte au bord du lac, près de Montréal. J'ai posé les châssis doubles. Comme un castor, je me suis presque retiré dessous la neige. J'ai fait quelques émissions radiophoniques et deux pièces de théâtre qui ne sont pas encore jouées. Je me rappelais ce mot extraordinaire de Verlaine:

L'espoir luit comme un brin de paille dans l'étable.

En face, il y avait le lac, et derrière, les champs, dans lesquels, tous les jours, j'allais, et je vais encore. L'hiver était venu. Les mouches dormaient dans les plinthes et j'écoutais les souris dans le grenier faire le sabbat du diable.

Le matin, de ma fenêtre, je voyais souvent passer mon

---

* Si tu n'aimes pas le monde, change-le.

voisin le Polonais, avec son enfant malade dans le traîneau. Je passais des journées entières sur le lac, aidant les hommes au chantier de glace. Les îles lointaines comme des secrets. Sac au dos, je me promenais avec mes chiens, jusqu'au bout de la plaine près de la forêt. Une tempête de verglas avait ceinturé de rubis chaque vieux foin gelé. Mon ombre et celle des bêtes démesurément s'allongeaient à cause du soleil couchant. Quand on s'arrêtait de marcher, on entendait comme des coups de hache derrière: c'était le froid qui fendait la glace, parfois une longue fissure, juste sous nos pieds. Le doux remords n'était jamais loin de moi.

Il y avait des nuits très douces et neigeuses qui prenaient leur temps à passer, d'autres bleues et froides qui faisaient craquer la maison. Par le truchement de lutins et de fées, je voulais entrer dans le cerveau des enfants, me foutant des censeurs et des snobs qui voulaient m'effacer au nom de l'art. Mes chansons les plus jolies étaient celles où il y avait le plus de peine. Je voyais une robe claire et, comme un fruit ivre de vin, un corps se balancer sauvagement aux branches de lune. J'aimais le silence. Je l'étudiais comme une science.

De moins en moins je pouvais souffrir les conversations qui n'étaient que des conversations, c'est-à-dire des mots qui trottent en surface comme des grains de sable sous le vent. Je souhaitais le départ des bonnes âmes charitables, venues chez moi pour me consoler, et qui m'ennuyaient à mourir.

Un homme venait avec sa mère, un homme de la ville, que je ne connaissais pas beaucoup. Il avait une face de tueur et un cœur de femme.

«Chante», faisait-il.

Il enlevait la blouse pour mieux écouter et se saoulait de chansons. Il partait titubant comme pris de vin. Cet homme avait compris, bien avant beaucoup d'autres, la peine qui se cachait derrière les mots de la musique. Il en avait sûrement, pour venir comme ça épouser la mienne.

Puis venaient des déchets, des ratés, des déchets d'hommes qu'on appelle artistes, qui comme moi se crevaient d'ennui dans l'hypocrite monde haut en couleur et en gueule. Ah! ce que je les aimais, ces épaves! Mais que dire à celui de vingt ans qui pleure et ne sait plus où jeter ses vingt ans? À celui qui avait fait deux ans de pénitencier, il était facile de lui rappeler ses désertions, sa lâcheté et sa fuite, mais le petit de vingt ans, dans les ténèbres épaisses d'une vie inutile?

Mon père-lièvre était venu me visiter et il me parla d'un gros homme-lièvre sanguin de son village, plein de santé et de sourires, au pas solide et à l'épaule forte, qui était un monstre. Sa première femme, dit-il, est dans le fleuve, poussée par lui avec des mots sans colère. De cette histoire, je fis *la Gigue*.

Je volais à droite et à gauche, chez mes voisins, dans les champs, chez les animaux, des histoires que je couchais sur mes papiers.

Mais un matin, ce ne fut pas une histoire. J'ai tué avec ma carabine les deux chiennes du Polonais qui étaient malades. La femme m'a demandé de leur rendre ce service. Après déjeuner, je suis parti seul avec ma *22 long rifle* et une pelle. Le Polonais m'attendait devant la grange. Il s'est hâté d'envoyer les enfants à la maison. Ils sont partis avec la femme. J'ai dit d'abord de faire le trou. Nous sommes allés derrière la grange et nous avons creusé dans les herbes folles près du tas de fumier. Puis j'ai demandé un bout de corde pour attacher les chiennes. Il est parti et il est revenu avec celle qui devait mourir la première en laisse au bout d'un câble. Il l'a attachée à la roue de fer de la faucheuse et immédiatement, pour ne pas voir, il s'est hâté de partir en disant: «Je vais aller chercher l'autre». Il est parti. J'ai attendu cinq minutes. Après, il est revenu avec l'autre. Il m'a demandé si c'était fait. J'ai dit oui. Nous avons attaché la deuxième au même endroit que la première, et il est resté, mais au large, pour assister à l'exécution. Un jeune homme roux y était aussi, mais il s'est tenu loin; il regardait par la porte entrebaîllée de la grange. Les enfants avaient été reconduits à la maison une deuxième fois et les femmes aussi étaient dans la maison. Elles n'ont rien vu. Elles ne savent même pas où la chose s'est passée. Comme je revenais près de la maison, elles m'ont dit merci. Le Polonais agita la main en signe de bonjour, tenant de l'autre le câble, ne sachant pas trop quoi faire avec, parce qu'il y avait du sang dessus. Moi, je me suis rendu ici avec ma pelle et ma carabine. Cette journée-là, un peu de honte. Pas trop de gestes ou de marches dans le champ. Écrasé comme un caillou avec les cailloux de la coulée, ne voulant voir personne. Et la promesse (que j'ai tenue), faite solonnellement à mes chiens, de ne jamais plus tirer un coup de feu.

* * *

L'automne.

Il y avait ma femme et le petit, heureusement, et les lièvres de la compagnie théâtrale déchue, qui, fidèlement, venaient, avec leur femme, partager notre silence près la cheminée.

L'hiver.

Nous nous attardions dans la nuit à repasser nos malheurs. Toujours ça finissait par une chanson, que souvent dansait le frère comédien.

— Qu'as-tu vu aujourd'hui?

— Les labours pleins d'eau.

— Et encore?

— Des blocs de glace tourner en rond sur le lac et des remous comme des entonnoirs au loin avec la vie par en dessous qui pousse et vient à la surface.

— Et encore?

— Des nuages tombés qui ont perdu leur chemin.

— Qu'as-tu entendu aujourd'hui?

— Un bruit de chute à gauche dans la calvette* et la voix des premières grenouilles.

---

* *Calvette*: tranchée pratiquée sous une voie ferrée ou un chemin et traversée par un ponceau.

— Et encore?

— Une petite mère-oiseau en boule dans l'arbre à deux pas de ma fenêtre, qui appelait son ami avec de petits cris aigus.

— Qu'as-tu acheté aujourd'hui?

— Des outils de jardinier que je contemple: la bêche, la gratte*, le râteau, une hache, une scie, un arrosoir.

— Et encore?

— Une bouteille de sirop d'érable.

— Et encore?

— Deux pots de peinture pour rafraîchir les toits de mes cabanes d'oiseaux, et des clous pour en fabriquer d'autres, étant donné qu'il y a beaucoup de locataires cette année. Ça s'est dit, qu'ici, les coups de feu sont interdits.

— Qu'as-tu lu aujourd'hui?

— *Les Mouches*, du lièvre Sartre.

— Et puis?

— Et puis c'est terrible, sans espérance, ni pardon, ni haine, ni repentir, ni amour, voué à jamais aux mouches et aux vers. Il s'est fait l'interprète du grand tas de fumier qu'est l'humanité de notre siècle, mais sans lui accorder aucune sorte d'âme ou d'espérance. Dieu n'est pas libre, dit-il, l'homme l'est, et il est plus fort que Dieu. Cette théorie d'une seule existence bête et inutile, où rien de bon ne se fait, cette suppression totale de ce qui peut être bon dans l'homme, nous fait voir combien petits, faibles et lépreux nous sommes. Mais je l'en remercie. Il me donne le goût de croire plus encore à Dieu, de me donner à lui davantage, car je suis la peur, la faiblese et la lèpre. La crânerie, l'orgueil qu'il prêche devant siècles et cieux est comme un cri de crapaud qui veut être couronné roi. Nous ne sommes ni dieux ni crapauds, mais hommes en voyage.

— Qu'as-tu reçu aujourd'hui?

— Une lettre de mon frère-lièvre de la campagne qui me dit comment planter les tomates. «Tu les mets les pieds

---

* *Gratte*: outil de jardinage servant à sarcler.

au nord. Quand viendra le norois, la robe leur montera au visage et le tête sera sauvée.»

— Qu'as-tu écrit aujourd'hui?

— Cette petite pensée: «Il y a des écrivains terribles comme les ours.» Quand ils paraissent, tout le monde se cache et se tient derrière les rideaux. Tout le monde veut voir l'ours, c'est amusant et excitant. Ça donne la frousse et c'est tout. D'autres, c'est comme le serpent: c'est froid, cynique, amer, mystérieux, menteur, attachant parce que monstrueux. On aimerait se doper de sa dope*, quand c'est fini, c'est fini, on dort jusqu'à la mort. D'autres, c'est comme l'alouette: c'est très naïf, timide, rien de violent, ni de morbide. Ça se roule dans le soleil. C'est à l'alouette qu'on revient le plus souvent parce que c'est l'azur, le respect des champs, la fidélité, la santé. Vive le petit oiseau peureux, blessé et brave, qui chante sa chanson au-dessus des cadavres! S'il n'y avait pas d'alouette, il n'y aurait pas d'aurore; à force de l'appeler, il faut bien qu'elle vienne...

Puis, ce fut la délivrance dans le ciel, la débâcle sur le lac et la résurrection encore une fois.

En ouvrant la porte, un matin, une grosse corneille passait en criant tout énervée que le printemps la suivait, cinq jours derrière. N'y tenant plus, je composai l'hymne au printemps, et l'hommage à la femme qui porte l'enfant.

Les blés sont mûrs et la terre est mouillée,
Les grands labours dorment sous la gelée,
L'oiseau si beau hier s'est envolé,
La porte est close sur le jardin fané.

Comme un vieux râteau oublié
Sous la neige je vais hiverner,
Photos d'enfants qui courent dans les champs
Seront mes seules joies pour passer le temps.

Mes cabanes d'oiseaux sont vidées,
Le vent pleure dans ma cheminée,

---

* S'enivrer de soi-même.

Chapitre premier

Comment un lièvre français me découvrit et comment je faillis tomber à la renverse lorsqu'il m'invita respectueusement à venir chanter mes chansons de savane dans la grande ville dite de Paris, devant les lièvres-parisiens.

Comme je vous le dis, j'étais à planter mes choux dans ma plate-bande, lorsque au téléphone un ami de la cité me demande de venir d'urgence avec ma guitare, parce qu'il y a là un Français* qui veut m'entendre. Je leur souhaite à tous deux bonne santé et je retourne à mes choux. Mais l'ami revient à la charge, s'entête et me fait comprendre le sérieux de la proposition.

Avec ladite guitare, achetée à tempérament au pays de Québec, je vais donc à la ville et je file droit au poste radiophonique où mon ami travaillait.

On m'installe devant le micro et histoire de me dérouiller la voix, je chante un peu. Je n'avais pas chanté trois chansons que le lièvre-français arrive, se présente, s'excuse, demande si je suis fatigué, me prie de m'asseoir et autres civilités peu usuelles dans nos studios de lièvres-pionniers.

---

* Jacques Canetti.

Fidèle à mes complexes ancestraux, je me demande intérieurement s'il ne se moque pas de moi; mais non, puisqu'il me dit:

«Soyez à mon hôtel ce soir, à cinq heures, avec des disques d'essai que vous ferez cet après-midi. En échange, je vous remettrai un contrat d'un an.»

L'échange se fit à cinq heures, tel que dit, et le lièvre-français prit son avion une heure plus tard pour ladite ville de Paris en me priant de présenter ses hommages à ma femme et en me prédisant carrière de chanteur au doux pays de France.

Je n'en dormis pas de plusieurs nuits. Je pouvais maintenant mourir. Mais le plus cocasse, c'est qu'un matin je reçois un papier de Paris renfermant un engagement de cinq semaines dans un music-hall pour cette cité, qui s'appelait l'*ABC*. Je devais y débuter le 22 décembre 1950.

En général, les femmes-lièvres, dans ces moments-là, s'énervent et perdent leur tête en projets et rêves de toutes couleurs. Je dois vous avouer que la mienne resta la tête froide et, comme moi, était assurée que j'en avais pour, au plus, deux soirs là-bas. Un soir pour me faire descendre, et l'autre pour leur donner le temps de me trouver un remplaçant. Une journée pour aller, une journée pour revenir. D'après nos calculs à nous deux, je serais absent au plus des plus: une semaine.

Je m'embarquai à Dorval par une terrible tempête de neige, billet aller et retour payé en argent français, laissant à ma femme mon peu d'argent canadien et la promesse de bourse canadienne qui devait venir d'une heure à l'autre et qui n'est pas venue. Et en route pour Paris, seul avec ma guitare, une petite valise, les vœux de mes amis, de ma femme et de mon enfant-lièvre, et grand frémissement dans tous mes membres de m'envoler vers le pays de France.

C'était la premiere fois que je prenais l'avion Trans-Océan, qui est, comme on le dit justement, un vaisseau-volant. Une heure après avoir décollé, nous étions au-dessus de la tempête, en plein pays du soleil rose. Comme un danseur qui se dévêt et lance au hasard ses habits de soie, le soleil jetait partout sur une mer de nuages des rayons de toutes couleurs.

Le lièvre-officier, très correct d'habit et de langage, préposé à notre sécurité, vint nous expliquer avec grande courtoisie le fonctionnement des vestes à air, au cas où l'avion culbuterait au milieu de l'océan. Je me voyais mal, le cou dans ma bouée de sauvetage, attendant le secours d'une chaloupe de mon village. Quelques heures plus tard, je fus effrayé par une étincelle de trois pieds de longueur qui sortait toute bleue de l'un des moteurs. Le lièvre-officier, en retenant un peu son rire, m'expliqua que c'était normal. Il nous passa des petits biscuits et un verre d'alcool, ce qui est bien la meilleure solution pour clouer de sommeil sur leur siège les voyageurs qui en sont à leur première traversée.

Étant donné que la fête de Noël approchait, et que chez moi, on est tous lièvres très chrétiens, je m'amusais à penser que j'étais un mage moderne venu de très loin avec sa guitare, chargé d'aller déposer les vœux de son pays aux pieds de l'Enfant-Jésus de France.

Après escale de vingt minutes en pleine nuit dans le pays d'Irlande et de quelques heures en pays d'Angleterre, nous survolâmes le sol de France, au début d'un après-midi grisailleux et rempli de brume. Le nez collé à la vitre, je regardais en bas, et dans les trouées de nuages, je voyais les champs verts et les maisons de village à toit de tuile rouge, les fermes à toit de chaume. Il m'a semblé que la campagne était d'une grande propreté. Ses champs sans clôtures paraissaient autant de petits carreaux de différentes teintes de vert. Derrière le voile des nuages, je voyais Jeanne d'Arc en bas à la tête de son armée, puis Napoléon, puis un roi, puis un envahisseur à casque pointu, puis un évêque à la porte d'un temple, comme dans les images de mon enfance. Puis, plus rien. Une tempête de neige mêlée d'eau s'abattit sur nous. Nous étions secoués comme sur des vagues quand on file à grande vitesse.

«Le chemin est raboteux», dis-je à ma voisine.

Elle me fit: «*What?* » et se recula de moi comme si je l'avais insultée. C'était une Anglaise. Le lièvre-officier vint nous annoncer qu'on atterrirait au Bourget au lieu d'Orly. Et mon ami canadien qui m'attendait à Orly!

Ça commençait bien.

Enfin, nous y voilà. L'avion baisse, fait un long cercle, vise la piste en bas. Le gros ballon troué, le tricolore sur l'édifice central, et une nuée de manœuvres en bleu de travail, comme dans tous les pays du monde; la différence, c'est qu'ici ils avaient le béret et étaient sanglés dans un cuir très large partant de l'épaule. Les moteurs s'arrêtent. Rendus. Machinalement, je fais le signe de croix comme un boxeur quand il touche l'arène. Je me lève et je suis l'Anglaise. Maintenant j'ai les deux pieds sur la terre de France. Du ciment comme partout ailleurs. Et derrière la clôture là-bas, où les gens viennent à la rencontre des voyageurs, des mains qui agitent des mouchoirs. Je me fais croire que c'est pour moi.

Passeport et papiers à la main, je passe au guichet derrière l'Anglaise. On estampille mon passeport et on me remet une carte qui est le passage par autobus, de la gare à Paris. Je crois que le soir tombe et qu'il pleut.

Je regarde les visages. Ce sont les mêmes que l'on voit dans les gares du Canada. Il y a le comptoir à café, le comptoir à souvenirs, la salle d'attente, les cendriers, le comptoir d'échange. Je change dix dollars canadiens en francs français. Je palpe cet argent qui est mince comme du papier de soie, et le commis a l'air de dire: «C'est pas du faux».

On nous dirige vers le car. J'y prends place. L'Anglaise vient s'asseoir à mes côtés. Et on file. Ce qui surprend, ce sont les terrasses extérieures à la porte des établissements. «Voilà des Français, me dis-je, assis là, qui boivent.» Des fleuristes au coin des rues, beaucoup d'arbres, des bouches de métro, des monuments et des petits jardins. Soudain, un remous dans le car, tous les voyageurs tendent le cou à gauche et se penchent. J'en fais autant. C'est l'Arc de Triomphe. C'est magnifique. J'ai eu le temps d'entrevoir un cavalier de pierre sur un énorme cheval à crinière mêlée.

Aux invalides, terminus du car, tous les voyageurs descendent. Je m'en vais le dernier. L'Anglaise est venue me dire *good-bye* et disparaît au bras d'un vieux monsieur. C'est avec joie que je retrouvai ma guitare à la consigne. À l'homme qui me l'a remise, je voulais payer un verre, mais il était ailleurs.

Où aller maintenant? Je me dirigeai vers la sortie avec l'intention de prendre un taxi et de me faire conduire dans un hôtel à mes moyens, quand, de derrière une colonne, sortit un lièvre qui lisait son journal et que je butai sans faire exprès. C'était mon ami-lièvre canadien. Les embrassades, les bourrades, les coups de poing, les éclats de rire pleins de sanglots n'en finissaient plus. Maintenant, je ne voulais plus sortir de la gare. Je voulais qu'on se parle. Il me donna une cigarette gauloise et on s'assit l'un près de l'autre. Je commençais à respirer.

Quelques heures plus tard, après avoir déposé guitare et bagages dans la chambre d'un petit hôtel à Saint-Germain-des-Prés (paroisse dite des fins-fous), mon ami me présenta la Seine du regard et le Palais-Royal et les Tuileries et la Concorde et autres célèbres lieux entrevus quelquefois sur des cartes postales (qui ne m'étaient jamais adressées).

Malade d'air, de vin, d'émotions, de distance, je m'endormis dans cette chambre, après m'être bien amusé avec la poire d'ancienne mode à la tête du lit qui allume et éteint la lumière. «*France-soir, Paris-Presse, France-soir, Paris-Presse*», criaient de loin les vendeurs de journaux avec des voix de nuit. Voilà que je suis réveillé par un bruit infernal; ça y est, c'est la guerre qui est déclarée. Je cours à la fenêtre, et je vois à ma grande terreur pas moins de deux cents garçons et filles lièvres-existentialistes qui stoppent les petites voitures et leur font faire demi-tour à bout de bras.

«C'est un jeu, me dit mon ami qui était derrière moi. Ici à Saint-Germain-des-Prés, les jeunes s'amusent de tout ce qu'ils trouvent.

J'en aperçus deux qui, le plus sérieusement du monde,

enlevaient leur pantalon, le pliaient sur leur coude, et continuaient leur route en sifflotant.

«Tu vois, ils s'amusent!»

Le lendemain, avec mon ami, je pris mon premier café-croissant et engageai la conversation avec M. François, de la terrasse du *Royal-Saint-Germain*. Il me dit:

—Mais vous parlez français?

Je répondis avec un sourire en coin de lièvre averti:

—Mais, vous aussi?

Mon premier ami français était trouvé.

Un chaud petit soleil, sous lequel on se tenait en boule, se levait derrière l'église.

—Tu as tes patins? me demande mon ami.

—Patins? Quels patins?

—Tes patins pour patiner.

—Pourquoi?

—Regarde.

Et il me montre un homme vêtu de bleu, avec une casquette à visière d'ouvrier, qui traverse la rue. Il est armé d'un bâton de pas moins de vingt pieds de longueur, au bout duquel est attaché un maudit balai fait avec des aulnes.

En effet, c'est le balai dont se servent les nettoyeurs des ronds*, au Canada, pour faire reluire la glace après qu'ils ont fini avec la pelle...

Des quinze premiers jours, mon ami canadien ne me laissa pas d'un seul pouce, me connaissant lièvre distrait et craintif, qui, par gêne, aurait pu rester cinq jours dans le même métro sans demander un renseignement.

En guide intelligent, surtout en lièvre du même pays que moi, il me présenta aux merveilles de Paris, que d'autres lièvres, à plume plus aiguisée que la mienne, vous ont décrites cent fois.

«Il faut bien que je t'amène faire un tour de métro. Voilà la route que tu suivras pour te rendre à l'*ABC*.»

Et je m'en fus dans le métro avec lui, prenant note qu'il

---

* *Ronds*: patinoires.

fallait correspondre à Sèvres et à Madeleine pour me rendre à Montmartre, ne pas pousser le portillon, ne pas fermer les portes du métro et ne pas m'asseoir sur les dames.

Le métro c'est un train vitré, éclairé, actionné à l'électricité; il zigzague sous terre dans d'infinis tunnels, comme un ver. À tous les quarts de mille, il s'arrête à des petites gares souterraines, où il y a des bancs remplis de voyageurs qui voyagent et d'autres qui ne voyagent pas. Clochards et amoureux y trouvent un abri par mauvais temps. Un mendiant éclopé, la main tendue, répétera inlassablement un refrain comme: «Citoyens, citoyennes, que le bon Dieu vous bénisse quand même!» Du nord au sud vont ceux qui se jettent devant, ça arrive, Pour le prix d'un billet, vous voyez les dessous d'une capitale, souvent les dessous d'un visage immobile sous la lampe électrique. Pour gagner la sortie, vous suivez les courants d'air jusqu'au trou creusé en surface.

Je dois à mon ami toutes ces découvertes. Il m'amena aussi voir mon patron, place des Ternes, à l'immeuble Pleyel, au cinquième. Tenant nos briquets allumés, nous avons finalement trouvé l'ascenceur caché au fond des couloirs, dans un coin sans lumière. Le patron me fit serrer la main à tout le personnel, me fit sortir ma guitare et, devant un vieil artiste qu'il y avait là, il me fit chanter dans son bureau. Le vieil artiste dit: «Bravo!» et s'en fut après m'avoir regardé longuement.

Histoire de prendre contact, le même soir, je passai la veillée dans les coulisses des *Trois Baudets* qui allait devenir ma maison pendant deux ans. Le lendemain soir, je m'en fus voir un spectacle de variétés. Je profitais autant que possible de mes jours de vacances, sachant que l'heure approchait de prendre le collier.

Du Canada, les lièvres français connaissaient la police montée, le sentier de la guerre (*via* Hollywood) et la cabane au Canada. Ils étaient bien surpris quand je leur affirmais qu'on avait chez nous des cabanes de cinquante étages.

«Tel que vous me voyez, leur disais-je en riant, sans plumes sur la tête et sans tomahawk à la ceinture, nous sommes là-bas douze millions dont quatre de descendance française.»

Ils faisaient «Hum» d'admiration, fumaient leurs gauloises en rêvant à cela et en m'examinant comme un produit nouveau, jamais vu sur le marché. Je fus à l'aise tout de suite. Je me sentais chez nous avec eux. Réflexes, humour, cœur, culture, folklore, langue, religion, on s'entendait bien.

—Remerciez l'homme des bois d'être venu vous instruire et vous civiliser, leur disais-je.

—Nous l'attendions, qu'ils faisaient.

Avec à la base la drôlerie, le sentiment aisé, le sens du rire et la malice qui n'est jamais loin, surtout à Paris, j'étais sauvé. Je me dis: «Ça y est, je vais les aimer». Mais je me rendis compte que c'était fait depuis longtemps, depuis les genoux de ma mère-lièvre, qui, elle, venait du Jura, mon père étant de souche normande.

À la télévision, le lendemain à midi, un reporter me demanda ce que je pensais des mœurs. Je lui dis: «Je vais vous chanter *Moi, mes souliers* ».

Ce fut donc le grand soir de mes débuts de chanteur, au théâtre dit de l'*ABC*, qui, on me l'apprit, était un des plus célèbres music-halls du monde. J'occupais la loge trois, au troisième étage, pas loin des «Compagnons de la Chanson», entre le chansonnier Paul Colline et deux enfants allemands contorsionnistes, qui, pour se pratiquer sous l'œil de leur papa, se faisaient des nœuds avec les jambes et se dévissaient le cou avec leurs pieds. Une voix, dans le haut-parleur, vous prévient deux numéros avant le vôtre.

«Tenez-vous prêt, cinq minutes. Deux minutes, descendez.»

Les jambes comme de la guénille*. Si quelqu'un vous pose une question à ces moments-là, vous répondez, vous basse chantante, avec une petite voix d'alto.

Dans la salle, il y avait des stars de cinéma, des écrivains à la mode, des maîtres de l'écriture-critique, des

---

* Flageolantes.

chansonniers de trente ans de métier, des directeurs d'établissements, des millionnaires, des directeurs de maisons de disques, des metteurs en scène, une foule de comédiens et de chanteurs professionnels, peut-être un couple de ducs et trois princesses, enfin toute espèce de lièvres rares qui vous mettent à l'aise, surtout quand vous êtes timide et que jamais de votre vie, à part en vous amusant, vous n'avez chanté devant le public. Ce qui fait que les premiers mois, je prenais un repas régulièrement tous les quatre jours et je me bourrais de sommeil une fois par semaine, le soir de relâche.

On vient de m'annoncer comme lièvre neuf, venant du très lointain Canada, pays des immenses moissons de blé et des lacs innombrables. Le rideau s'ouvre, c'est à moi. Je m'avance avec ma guitare d'une main et ma chaise de l'autre (pour mettre mon pied dessus) et je n'entends qu'un bruit dans le silence complet de la salle: mes pas; le son de mes godillots canadiens qui, péniblement, vont l'un devant l'autre. Je ne me souviens pas de ma vie d'avoir fait promenade plus pénible, plus cruelle, plus terrible. Enfin, je suis rendu au milieu, je ferme mes yeux, et hop! pour moi, pour ma femme et mon enfant, pensant aussi fort que possible à ma maison au bord du lac, seul au monde, je rentrai dans la première chanson et aussi dans le coeur des lièvres français qui me signifièrent bruyamment que j'étais le bienvenu en sol de France. Les rideaux à l'italienne me passaient devant le visage et je me souviens avoir failli culbuter lorsqu'un machiniste me poussa sur scène pour resaluer. C'était parti.

Mon patron, qui avait pris tout le péril seul, inquiet et tremblant autant que moi dans la coulisse, mêle sa joie à la mienne. Une solide amitié, née dans les risques, venait de naître pour aller s'accentuant. Le directeur de l'établissement ne regrette pas maintenant d'avoir engagé, pour la première fois sans audition, un lièvre qui venait de six mille kilomètres de là. Et mes vieux amis les «Compagnons de la Chanson», en tête d'affiche au programme (qui avaient endossé ma venue en France, m'ayant entendu l'année d'avant au Canada), y allèrent eux aussi de leur joie de me voir réussir.

«Bravo, mon gars.»

C'est Champi, le grand chansonnier, qui m'offre une cigarette et fait la conversation avec moi.

La fête, ou le cauchemar, tout dépend de quel côté de la rampe on est, dura cinq semaines avec matinées les dimanches et lundis, ce qui portait à huit le nombre de représentations par fin de semaine. Mais c'était de la petite bière.

J'allais vraiment connaître durant deux ans et plus ce qu'est le travail assidu et comment la résistance à l'effort est inouïe et la discipline des professionnels, terrible d'exigence. Les lièvres-artistes travaillaient aussi fort et aussi méthodiquement que les lièvres-laboureurs de mon pays. Je pris huit mois à me faire à l'attelage, qui les premiers temps, je dois l'avouer, me faisait quelque plaie à l'épaule. Combien de soirs, en me glissant au cou la jolie guitare, j'avais l'impression de m'accrocher un sac de pierres!

Puis, ce fut le stage aux *Trois-Baudets*, renommé petit théâtre de deux cent cinquante places entre Blanche et Pigalle, départ et lieu de travail de quantités de grands noms de la chanson française, stage coupé de galas à l'extérieur de Paris, dont le premier fut Rennes-Bretagne, qui, pour un Français de France, est un pays comme un autre, mais pour un lièvre du Canada est un lieu d'émotions, rapport à ses côtes, d'où partirent il y a trois siècles les premiers colons de la France-Nouvelle.

«Jeune homme, je vous serre la main.»

C'était le grand lièvre Chevalier qui me faisait des compliments.

«On va maintenant faire des disques, me dit le patron.»

Avec ma guitare, je m'en fus chez le lièvre-musicien, André Grassi, qui habitait un petit logement au sixième, derrière Pigalle. Modeste, très doux, il me dit:

— Chantonne tes airs.

Et à mesure que je les chantais, il les prenait en note et me souriait.

— N'est-ce pas une faute musicale ici? demandais-je.

— Oui, qu'il me dit, mais faut pas toucher, vous l'avez pensé ainsi, c'est bien.

Et mon respect de grandir, devant ces lièvres-artistes qui me respectaient tant.

À la date et à l'heure convenues, j'arrivai un après-midi à la salle Chopin, pour ma première séance d'enregistrement.

Le patron ouvre la porte, m'arrête et me regarde. Vingt-huit musiciens, sous la lumière, sont sur la scène du petit théâtre, lequel est plongé dans le noir. Ils jouent un air qu'il me semble que je connais, et je trouve ça si joli! Le patron me regarde toujours. C'est une de mes chansons que l'on joue avec les harmonisations du lièvre Grassi. Je m'assois dans l'ombre sur un fauteuil, et je me mets à pleurer.

Un mois plus tard, ma femme-lièvre et mon petit garçon de cinq ans débarquaient à Orly, transis de joie et de crainte. Alors commença la vraie vie parisienne; aventures merveilleuses, amitiés, joies de l'esprit, nuits de chansons, un chapitre de conte de fées, celui-là, pour des lièvres obscurs et ignorants. Le premier geste que nous fîmes tous les trois, ce fut d'aller dire merci à Notre-Dame de Paris.

La fête ne faisait que commencer. Avec ma guitare, je visitai onze pays. Pour ne pas quitter le ton modeste de ce récit, je vous dirai que j'ai gagné le Grand Prix du Disque et que le lièvre Pierre Mac Orlan, de l'Académie Goncourt, signa mon premier microsillon.

Chapitre II

Comment dans la patrie des chansons éternelles, des grands écrits, des mots célèbres, des pages fortes, des maîtres de l'humour, des spectacles bouleversants, votre esprit s'élargit, les chaînes tombent, vous vous sentez libre et puissant; vous vous réveillez lièvre plein d'audace et de confiance qui trempe la patte dans l'encre et s'amuse à griffonner des réflexions, sûr qu'on ne vous coupera pas les poignets pour quelques fautes de syntaxe.

Un grand dîner me fut offert à la *Tour d'Argent* par un groupe de Canadiens à Paris.

On est assis dans le salon particulier qui donne sur la Seine. Il y a des fleurs sur la table. La coutellerie est d'argent, la cuisine réputée, les vins vieux, le service au-dessus de tout (l'addition aussi), mais la minute en vaut la peine, et il est reconnu que pour célébrer une occasion, les Canadiens ne regardent pas à la dépense.

En plein cœur de Paris donc, nous sommes là, haut perchés, sept Canadiens. Il est une heure. Un accordéon joue dehors. On voit les bouquinistes sur les ponts et, ailes ouvertes, les pigeons de Notre-Dame planent doucement vis-à-vis de notre fenêtre. Les siècles sont à la porte. Une marchande de fleurs annonce son muguet.

«C'est bon l'amitié», me dit un lièvre montréalais, que je rencontre pour la deuxième fois de ma vie. Il avait assisté à mon tour de chant la veille.

«Oui, c'est bon.»

Attendris comme des agneaux après la tétée, nous nous regardons les yeux pleins d'eau.

Les femmes-lièvres canadiennes présentes étaient jolies avec leur petit bibi (chapeau) parisien. Surveillant leur accent, elles disaient à ma femme des choses gentilles à mon sujet, et déploraient de n'être pas de nos amis depuis au moins vingt ans. Elles voulaient des photos autographiées avec une pensée sentimentale écrite à leur nom de fille. Au risque de les vexer fortement, nous dûmes promettre ma femme et moi d'aller les visiter en rentrant au Canada, d'aller habiter leur demeure à la campagne au moins les deux premiers mois. On but à cette joyeuse santé.

En face de moi, il y avait un petit lièvre pétant d'intelligence et de franchise, très cultivé pour son âge, qui, en lièvre curieux plus que sentimental, pas du tout impressionné par le tapage populaire, voulait avoir des explications.

— Vous avez quand même une voix de bœuf, me dit-il amicalement.

— Ce n'est pas la voix, lui dis-je, coupablement.

— La poésie? Voyons un peu.

Il sortit de sa poche mon album de chansons et s'excusa d'y plonger la tête pour étudier un peu les rimes.

— Je ne comprends pas, dit-il en soupirant. Vous faites rimer guerre et misère, fées avec prés, c'est imbécile.

Il plissa, dans un rire, ses coquins petits yeux derrière ses lunettes, pour mieux faire passer l'adjectif, et me regarda avec bonté.

— Je m'excuse, lui dis-je.

— Avouez que les Parisiens sont bêtes.

Il regretta cette parole qui dépassait sa pensée, puisqu'il ne jurait que par Paris. Il s'excusa une deuxième fois pour étudier l'album, ne trouvant pas logique qu'on fasse du succès à de petites banalités.

— J'ai trouvé, dit-il rayonnant, c'est un succès d'après-guerre. Avouez, petit succès populaire de politesse, qui ne fait de mal à personne.

— Voilà! lui dis-je, heureux avec lui qu'il ait trouvé une bonne raison.

Mais il n'était pas convaincu; j'aurais voulu lui venir en aide. Hélas! les mots ne venaient pas.

— Avez-vous la tête enflée? me demanda-t-il gentiment.

— Que non, lui dis-je, il n'y a pas de quoi.

— Bravo, il n'y a pas de quoi, comme c'est juste.

La chanson, surtout celle-là...

Et il me fit comprendre que ça passera vite, que c'est éphémère, qu'il fallait pas m'en faire, que, dans deux mois au plus, je serais rejeté dans l'oubli. Il essayait de me consoler, comme le médecin dit au lièvre empoisonné:

«Dans deux mois, tu seras guéri».

Je le remerciai, et on but à cette santé, avec des vœux de rétablissement.

— C'est bon l'amitié, répétait le premier, les yeux dans son verre.

— Oui, c'est bon.

Le lièvre à ma gauche, qui n'avait pas encore ouvert le bec, un vieux lièvre congestionné d'alcool et de mangeaille, me demanda coutoisement ce que je faisais au Canada avant de venir m'exhiber ici.

Je lui dis que j'étais plombier dans mon village et que je préférais ce «job» de chanteur, étant à l'abri, dans des maisons chauffées, n'ayant pas à traîner le vilain sac d'outils sur des planchers froids, pour dévisser des tuyaux toujours gelés.

Il me fit signe qu'il comprenait très bien. Plus aimable que le jeune lièvre, il me prédit que je durerais six mois et m'expliqua pourquoi, en termes choisis, dans un vocabulaire scientifique, surprenant de maîtrise et de nuances.

«Voilà, les gens aiment la nouveauté. Vous arrivez au moment psychologique, on veut connaître le Canada, vos petits tableautins les amusent, vous êtes modeste, votre force est votre lourdeur, vous cultivez la gaucherie comme d'autres le bagout. C'est pourquoi il faut vous voir et non vous entendre. La sympathie se loge partout, il faudra veiller à ne pas perdre votre semblant de sincérité.»

Puis, après plusieurs conseils de ce genre, il me raconta qu'il avait des ennemis, qu'il n'avait pas le temps d'écrire des livres et des pièces de théâtre, qu'il divorcerait s'il n'était pas catholique pratiquant, qu'il avait à Paris une petite amie charmante, qu'il la laisserait par devoir, pour rentrer au Canada où il était indispensable, etc.

Je le remerciai, et on but à cette santé.

Avec précaution, m'excusant de mon ignorance crasse et de mon apathie, je lui demandai de quelle institution il était le président.

«Journaliste, je suis», me lança-t-il très surpris que je ne le sache pas.

Il me dit que peut-être il m'interviouvrait ce soir, s'il avait le temps, que son style direct et imagé me serait une révélation. Puis, il se cala sur son siège comme un confesseur et me coula à l'oreille un grand secret.

«Vous en faites pas. Je suis envoyé ici pour un reportage religieux en Normandie, mais aussi pour vérifier si c'est vrai que vous avez du succès. Car, là-bas, on s'inquiète, on doute, on veut savoir pourquoi, on est embêté, on hésite... Comptez sur moi, je suis puissant. Je dirai que ça marche.

Et il me fit le clin d'œil qui signifiait: «Même si c'est un mensonge».

On but à cette santé.

— C'est bon l'amitié, continuait de répéter le premier.

— Oui.

Soudain, je m'entends interpeller par la grande chanteuse X qui, comme à l'accoutumée, nous embrassa sur les deux joues, ma femme et moi. Je la présentai à mes amis, qui tous, se levèrent pâles et la main moite en avant. Elle partit, me tapotant la joue, m'apprenant avec joie qu'on irait ensemble à Alger après la tournée d'Europe.

Mes amis se rassirent, ne comprenant pas cette camaraderie entre elle et moi.

«Vous la connaissez?»

J'étais mal placé pour mentir. Les femmes-lièvres se repenchèrent sur ma femme, lui reprirent les mains et lui firent repromettre de venir passer quatre mois chez elles au lieu de deux, à notre rentrée au Canada.

Le petit lièvre cultivé repoussa la nourriture, replongea la tête dans l'album pour essayer de trouver ce qui lui échappait. Et le vieux lièvre journaliste eut le mot heureux:

—Vous en faites pas, c'est éphémère n'est-ce pas?

—Bien sûr, je lui dis.

Et on se laissa, amis comme cochons, se promettant de se téléphoner tous les matins.

Muet de joie, je m'en fus au bord de la Seine avec ma femme et mon enfant, sachant fortement bien, dans le fond, qu'au Canada, tout le monde s'était réjoui, mais ces messieurs-lièvres n'étaient pas du monde.

Il me fit grand bien d'observer un vieux Parisien à béret, qui sortait de la friture de l'eau, sans me regarder, tout en faisant la conversation naturelle avec mon fiston-lièvre.

* * *

Le rendez-vous était à une heure à l'immeuble Pleyel, devant la porte centrale où sont affichés les grands concerts du mois. Tout le monde y était. Nous nous sommes embarqués dans un autocar à nous, vingt-sept artistes-lièvres, y compris les musiciens, pour entreprendre la tournée à travers la France qui devait durer quarante jours. Une seconde avant le départ, quand les bagages furent bien entassés et recouverts de la bâche sur le toit, après que chacun eut choisi sa place, le patron-lièvre est venu en avant nous souhaiter bon voyage, nous recommandant de nous aider les uns les autres en cas de défaillance.

On démarre, on est heureux à cause de l'évasion, la

première depuis des mois. Tout le monde parle en même temps et se tape sur l'épaule. Plusieurs auront la chance de passer par leur pays.

Le temps est doux, le chauffeur est gentil dans sa longue défroque blanche. Nous sortons tranquillement de Paris, pimpant comme un amoureux, à cause du mois de mai si joli. Et hop! dans la campagne française.

On laisse le soleil nous chauffer derrière les vitres. Je suis content de penser que je verrai peut-être un petit pont de bois sur un ruisseau, une plaine, trois vaches là-bas, à la ligne d'horizon. Mes yeux on hâte folle de se poser sur du loin, sur du vert, sur du propre.

Paresseusement, en reniflant l'air, je regarde les champs et les chevaux et les granges et les bâtiments de ferme. Il y a des arbres de chaque côté de presque toutes les routes de France, des grands arbres jaunes à tronc lisse. Les premiers villages, puis la campagne de plus en plus vraie, avec ses poules et ses oies sur la route blanche, ses chevaux sans licou, parce que les premiers animaux rencontrés au bord des grandes villes donnent l'impression que s'ils parlaient, ils paleraient pointu ou feraient des manières. Que dirait mon père-lièvre s'il était à côté de moi? Sans doute qu'il se tairait comme moi. Voilà des chèvres, des moutons et des bergères, car il y a encore des bergères, parfois très vieilles, qui peut-être ont vu passer le roi jadis dans son carosse, il y a bien longtemps, lorsqu'elles avaient quinze ans. Puis ce sont de petites places endormies de vingt maisons, avec l'énorme puits de pierre au centre, et l'auge où viennent boire les vaches qui se laissent conduire par de petits garçons échevelés, pleins de soleil. Je goûte la France comme un livre d'images. Tous les trente kilomètres, c'est une page qui se tourne, et un paysage nouveau qui s'offre. La campagne canadienne est noire. Les arbres sont noirs. L'eau est noire. Ici c'est blanc, tente kilomètres plus loin c'est rouge; après la montagne qui est en face, c'est le granit, et soudain c'est bleu de vignes.

Tout à l'heure des vallons et des toits cachés derrière,

maintenant c'est la grasse plaine et les pâturages et le fourrage vert et de pesants troupeaux qui nous regardent passer. Très souvent, sur une hauteur, un château domine le paysage.

Maintenant, c'est un pays de roches et de chèvres noires sur les sommets. Les maisons sont toutes croches, les barrières ne ferment plus, les chevaux sont maigres. Je me suis dit: «Les yeux de par ici sont méfiants, ils doivent être comme les objets qui les entourent avec un cœur de charue épointé».

Ailleurs ce sont des landes où poussent de durs petits buissons, la mer qu'on sent et qu'on devine, l'âpreté, la virilité. Terre à tempête. Endroit de semaine. Bretagne. Je préfère ce pays à celui du sud qui est au bord de la Méditerranée, peut-être parce qu'il ressemble plus à la Gaspésie* de mon pays. J'aime moins le sud où c'est tous les jours dimanche. La chaleur et le ciel bleu me tapaient sur le crâne, à la longue; je souhaitais le vent et la pluie.

Nous voilà en pleine montagne; les routes montent en lacets; nous franchissons des cols. Là-haut, l'air est si pur qu'il nous étourdit.

Nous chantons tous les soirs dans des théâtres, des cirques, des vélodromes, des arènes, des théâtres de verdure, des casinos, des scènes improvisées en plein champ. Ça fait qu'après vingt jours, vous voyez une clef d'hôtel, un projecteur braqué sur vous, une route, des mains qui applaudissent, un projecteur, une clef d'hôtel, des mains, une route, une foule dans le noir, une porte d'hôtel, un projecteur, un autocar qui file sur la route...

Je fais de l'avion à Marmande avec un musicien-lièvre du car qui aimait qu'on l'appelle l'Empereur, et que j'aimais beaucoup.

—Laisse-moi monter le premier, lui dis-je, si je tombe tu resteras.

—Non, c'est l'Empereur le premier!

---

* *Gaspésie*: péninsule dans le golfe du Saint-Laurent.

Et on y est allé chacun à notre tour, dans le ciel, pas très haut, juste assez pour frôler le ventre des nuages. Et au retour, à pied tous les deux jusqu'à la salle, on pensait à la chance des oiseaux de survoler les toits et les trous et les arbres et le monde. D'en haut, tout est si propre! À Sète, sur la Méditerranée, nous sommes allés à la pêche, trois heures l'après-midi, dans une frêle embarcation. Des ronds, tout petits, perdus sur cette mer de perles, les doigts empêtrés dans le fil de pêche, ayant oublié comment appâter l'hameçon. La vedette, c'était le marin, en gilet noir, droit, maître, godillant derrière, la peau comme du cuir, jouant du moulinet d'une main distraite sous nos yeux et nos corps d'amuseurs fatigués. Le soleil n'était pas de carton, nous étions gênés, la chanson c'était le vent qui la faisait et les milliers de petits nuages comme auditeurs... Mais le soir sous le projecteur, les rôles furent renversés. Le petit homme endimanché, gourd et muet à l'entracte, est-ce bien le dieu de cet après-midi? Tout cela est déjà loin... Une clef dans la serrure, des applaudissements, un projecteur, la route...

Deux jeunes filles ont reconnu, par les fenêtres du car, nos instruments de musique au milieu des bagages. Maintenant elles rêvent sous un pommier au bord du chemin et continuent de nous envoyer des saluts bien après que nous sommes au loin.

Notre passage a distrait un paysan derrière ses vignes. C'est tout. Il se remet au travail. Pourquoi prendre l'autobus ou le train ou l'avion? Derrière ses vignes on peut faire le tour du monde quand on veut.

Le soir tombe. Un tout jeune homme, svelte comme un prince, ramène son troupeau. Il nous montre le poing. Ça c'est drôle! J'étais ce jeune homme à Trois-Rivières, je montrais le poing à l'autobus des artistes qui filait vers Québec sous mon nez, moi à quatre pattes dans les navets. Maintenant que je suis assis dans le car, en plein milieu de la France, j'échangerais ma place avec le jeune homme qui ne voit pas la nature, n'a pas de souvenirs, n'entend pas de musique et n'a pas de peine. Comme une femme qui va à un rendez-vous, le vent tout à l'heure coulera entre les arbres et il ne sentira rien de cela.

Une salle, une clef d'hôtel, un couloir, un café au lait, un soleil qui fait mal aux yeux...

Et puis, je nous revois, trois bons amis-lièvres devant la Vierge du Rocher à Biarritz; nous avons pris la photo avec la Vierge au centre. Qu'ils aillent ou non à l'église, les lièvres français respectent la Vierge et aiment l'homme qui l'aime.

Sur le pont d'Avignon, qui est une moitié de pont, l'autre étant tombée, nous avons dansé une ronde d'adultes en face du château des Papes. Je me suis couché dans le cachot du Masque de fer au château d'If, après avoir pris l'apéritif au *Bar de Marius* sur la jetée de Marseille, à deux pas du «*ferry-boat*». Tous les personnages du lièvre Pagnol y sont encore. La bouillabaisse aussi.

«Voyez Notre-Dame-de-la-Garde qui domine la ville, a dit un vieux marin des trottoirs, elle protège ceux qui restent au port.»

Trois soirs nous avons chanté à l'*Alcazar* de Marseille. J'ai entendu les grillons de Daudet qui ont chanté pour M.le Préfet aux champs, à Arles, dans le trèfle. Puis j'ai vu le pays de Giono, le pays des vignes, propre et immense, le pays du Moyen Age, les petites églises de France à vous faire pleurer de beauté (six cents ans et plus), Lisieux, Lourdes et ses pèlerins, les routes romaines, le pont du Gard, si haut et si extraordinaire d'architecture, puis la clef d'hôtel, des mains, un projecteur, la route... Le mont Blanc, les Pyrénées et les Alpes, le lac de Genève et les usines de Lyon, les caves de *Byrrh* et le palais des Papes, la statue de Chateaubriand et la merveilleuse ville de Gand en Belgique, Limoges et Rouen et Toulouse et Bordeaux et Vichy, Eze, le nid d'aigle, et les mines du Nord. Partout du monde, de la souffrance, partout l'humanité qui prend deux cents francs et vient s'asseoir dans le trou noir, pour s'entendre chanter sa vie de tous les jours, avec une petite fenêtre ouverte sur l'espérance, si possible.

Mon Dieu, comme elle est vieillie, comme elle est

cernée, comme elle est fanée! Je parle de l'arc-en-ciel, de la fleur de la troupe, de la plus jolie fille de Paris aux dents éclatantes, aux hanches dures, qui fait hurler les gens rien qu'à paraître. Elle dort là, en face de moi dans le car. Ses joues tombent, sont front est las, elle est grasse, elle est molle, son corps comme de la gélatine tremble aux vibrations du moteur.

Hier encore, tous les hommes qui se sont endormis en pensant à elle!

Vite! Qu'éclatent les cuivres!... Piaffante, onduleuse tout à l'heure, elle paraîtra dans le velours des rideaux et rêveront aux fruits défendus ceux qui jamais ne les goûtent. Applaudissements, clef d'hôtel, le route, la pluie...

Et qu'est-ce qui m'arrive? Est-ce vraiment moi qui discute et qui donne son idée, qui improvise un chœur dans la coulisse après que les clients sont partis?

«Danse!»

Et voilà, sous la lune, un camarade-clown-chanteur qui danse dans les ruines d'un ancien blockhaus bombardé. Ce n'est plus son numéro de tout à l'heure, c'est Pierrot lui-même, descendu sur un fil de guitare en équilibre, avec sa peine offerte à bout de bras. Ah! ces fins de nuit après le démaquillage, avant de mettre la guitare dans sa tombe jusqu'à demain, quelques accords pour nous tout seuls!

Cette nuit dans mon sommeil
Je t'ai enlevée de ta tour,
J'avais dérobé l'soleil
Pour que jamais vienne le jour.
Nous courions dans la prairie,
Tes rubans volaient au vent,
Nous avons bu dans nos mains
À la source du matin...

Et le verre de bière sur la terrasse endormie, avant d'aller se coucher, trois amis en silence dehors, contents du travail, sachant que jamais plus on ne reviendra par ici, demain ailleurs, toujours ailleurs.

«Bonsoir. À demain.»

Et l'on se couche comme le prêtre qui a bien travaillé, comme le laboureur qui a fini sa pièce, comme l'avocat qui a défendu sa cause. Ici on ne sent pas inutile, nos gestes ont une portée.

«Voici du pain. Chante!»

Le silence est religieux. On vous écoute comme on écoute la lecture d'une succession chez le notaire. C'est important ce que l'on chante, et la façon qu'on a de dire le mot jeunesse ou travail, ou fidélité ou mort. On se sent nécessaire comme ceux qui font le pain.

— À demain.

— À demain.

Je m'endors, je me réveille croyant rêver, je me lève, j'entrebâille le rideau de la fenêtre, je regarde dehors: c'est vrai, dehors c'est la France. Je suis en France.

Du temps que j'étais «bœuf-man» à la glaise, je m'étais permis de penser à la France, j'avais fait une France dans mon idée. Mais celle-là, qui est dehors, est encore plus jolie.

* * *

... Je crois que c'était en Bretagne.

Il est midi, nous venons de manger et sommes à prendre le café dans la grande auberge. Un petit patelin comme beaucoup d'autres. Je me souviens que dehors, c'était marché découvert comme les marchés du Canada. Des vieux paysans, venus des fermes avoisinantes, examinaient les animaux à vendre. Jour de foire.

Dans l'auberge, un garçonnet d'une dizaine d'années m'observe depuis un long moment, assis près de sa mère là-bas en face du comptoir. Il se décide et se lève et s'approche de moi, tenant le livre d'autographes. Je signe et je lui demande comme ça:

— Tu me connais, toi?

— Oui, monsieur.

— Les chansons aussi?

— Oui, monsieur.

— Laquelle?

— Toutes, monsieur.

— Laquelle préfères-tu?

— *Bozo,* monsieur.

— Tu la chantes?

— Oui, monsieur.

— Tu veux la chanter ici tout de suite?

— Oui, monsieur.

Je fais un saut dehors, je tire la guitare de l'autobus, je reviens, je m'installe, je donne le ton, je démarre. Et voilà le petit (qu'on aurait juré sorti la veille de la Manécanterie de Mgr Maillet) qui, avec une splendide petite voix d'alto, bras croisés comme à l'école, me regarde et chante impeccablement. J'improvise une partition, on chante tous les deux, et vraiment je découvre un *Bozo* que je n'avais jamais vu qu'en rêve. Il me semble que j'entends un violon, une trompette, une autre guitare, une flûte, je me retourne, les musiciens de la tournée, en sourdine, ont bondi vers le car chercher aussi leurs instruments et nous accompagnent en deuxième plan. Il y a rassemblement devant l'auberge. Un moment de poésie et de recueillement si délicieux qu'on hésite à le briser. Chante l'enfant comme l'alouette et chantent les adultes, écoutent les vieux et les vieilles et les tout petits et les paysans et les commerçants et les filles du bar. Il n'y a plus de foire, ni de pays, ni de soleil, il y a cette chose qu'on appelle le rêve, qui vous desserre le poing et vous arrache le cœur.

«Salut mon petit, je le dirai aux Canadiens. Il y en a des *comme-toi* au Canada.»

L'enfant se tenait près du car quand nous sommes partis. L'illumination qu'il avait dans les yeux, la façon dont il nous salua de la main ne peut pas se décrire. Cette image de l'enfant me hanta toute la journée. Je ne pouvais m'imaginer qu'il existât des Bozo-enfants, c'est-à-dire des petits retranchés dans un monde à eux, qu'une toute petite musique met en lumière. J'avais fait un pas de plus dans ma conviction que le rêve est peut-être la seule réalité acceptable.

À Chatelaillon, je crois, en plein tour de chant au casino découvert, voilà la pluie qui tombe sur ma guitare à grosses gouttes. Et sur les gens aussi. Personne ne bouge. On me laisse terminer ma chanson. Aussitôt après, un gros gaillard me crie: «Monsieur, sous l'abri!» me désignant l'escalier sous un mur de casino.

La débandade. Tout le monde se précipite sous l'abri. Je m'installe dans l'escalier et je chante, et il pleut à deux pas de nous, mais tous nous sommes loin de la pluie. Mêlés à la foule, je reconnais les camarades qui sont passés avant, qui ont fini leur tour de chant et se démaquillent le plus simplement du monde, tout en écoutant les chansons qu'ils ont entendues cent fois.

Dans un petit casino au bord de la mer, pas très loin des Sables-d'Olonne, nous sommes tous dans la grande loge au rez-de-chaussée, nous préparant pour le concert. La foule attend.

Soudain, un bruit terrible du côté de la cour, des disputes, des pots d'eau lancés sur les têtes. Les deux portes-fenêtres de la loge cèdent et tombent presque à nos pieds, des dizaines de jeunes gens et filles qui s'excusent et disent: «On n'a pas d'argent pour le concert de ce soir et on veut vous entendre».

À moitié maquillé, la serviette autour du cou, je m'exécute avec joie.

Dans ces moments-là, le tour de chant que l'on fait à la fenêtre, face au jardin, dans le noir rempli de jeunesse, fait plus plaisir au cœur que l'autre, celui qui est attendu, payant et professionnel.

«À demain.»

Évidemment que Gigi, l'éternelle fillette de tous les pays du monde, sera là demain soir, sentimentale, romantique et pâmée, mais aussi le vieux qui met la main en cornet derrière son oreille, souvent le blasé avec sa maîtresse, le voyou et le dur de face, aussi un prêtre à vieille soutane, avec ses gros souliers, qui sait qu'une chanson d'amour est aussi utile et nécessaire qu'un sermon.

Quand je te détesterai
Pour que tu le voies bien
Quand je te détesterai
Je mettrai ma casquette.

Quand tu ne m'aimeras plus
Pour que je le voie bien
Quand tu ne m'aimeras plus
Tu te feras des tresses.

Depuis cette entente, ma mie porte chignon
Et moi, à tous les vents, je marche tête nue.

J'ai reçu un jour un très joli poème d'amour avec demande de le mettre en musique. Ce poème était signé: *Un curé de France*. Il voulait avec cette chanson payer l'ouvrier qui avait refait la muraille de son église.

La France...

Des milliers de gens chantent et rient, cachant leurs blessures avec la main. C'est plein d'espoir et de reconstruction en France.

Pluie ou neige, chance ou malchance,
Deuils ou fêtes, un oiseau chante.

Chapitre III

Comment on bâtit lâchement des chansons avec des malheurs, des nouvelles du pays, des matériaux tragiques, comme la mort d'un chien ou l'inconsolée peine du frère-lièvre de la savane campagnarde, lequel nous reproche par lettre de n'avoir pas vu son beau blé, maintenant engrangé.

C'est un émerveillement que de marcher dans Paris par un soleil d'avant-midi. Qui que tu sois, d'où que tu viennes, tu t'assois, tu flânes, tu bois un verre, tu arrêtes, tu cours, tu marches, tu es dans ton jardin. Tu rencontres un ami et tu causes avec lui, comme dans ton jardin. Des parcs, des arbres, des places, des bancs, des marchés, des crieurs, des fleuristes, des petits métiers. C'est un village, il y en a trois cents qui se touchent, chacun ayant son cinéma, sa pharmacie, sa boulangerie, sa charcuterie, sa pâtisserie, son bistro, son église, son école, sa fontaine et sa petite place enlacée de vieilles plantes, gardée par des vieux arbres crochus. J'ai vu des lièvres-jardiniers épauler avec un madrier un de ces vieux arbres, pour l'empêcher de tomber, comme on fait au Canada; mais sur le madrier, ils avaient creusé une platebande et semé des fleurs, pour camoufler la béquille.

Paris, c'est comme une maîtresse, il ne fait pas toujours être avec elle.

Moi, je me réveillais vers onze heures avant-midi,

rentrant rarement du travail avant une heure du matin.

Je me réveillais en même temps que le courrier que ma femme apportait dans la chambre et qu'elle lisait à la lueur d'une petite veilleuse. Les lettres venant du Canada étaient une volupté à entendre dans le demi-sommeil. Je lui disais: «Reprends cela, recommence encore», et nous étions loin de Paris, toutes nos pensées reportées en arrière, au pays natal, suivant les risques, déboires, bonheurs ou malheurs de nos amis lièvres. C'est ainsi que j'appris la mort de mon chien Pinky, qu'un ami avait essayé de sauver de l'ennui en l'amenant en ville. Il avait suivi ses traces dans la neige autour de ma maison et l'avait repéré pleurant au fond de la remise gelée. Ni soins ni caresses, rien n'y a fait.

S'il y a des cloches pour les chiens qui meurent,
Que sonne les cloches pendant une heure,
Il est mort de m'attendre au coin d'une rue,
C'est tant pis pour moi, je n'suis pas venu.

Pourtant, j'avais dit au printemps,
Avec les fleurs, les vents d'avril,
Les hirondelles ont fait des milles,
Lui dire que j'étais au tournant.

Il m'a attendu tout l'été, tout l'été,
Pour qu'ensemble on aille courir dans les champs,
Je lancerai dans la coulée
Le bâton qu'il tient entre ses dents.

Quand l'automne est venu, il a vu
Que peut-être je ne reviendrais plus.
Il s'est r'culé au fond d'la cour,
A pleuré la chute des jours.

Le postillon lui a dit: «T'en fais pas,
Espère un peu, encore un mois».
Un voisin lui a dit: «Viens chez moi;
J'ai des enfants, on te guérira».

Mais non, il a attendu la neige,

Et elle l'a pris, comme un sortilège.
Il s'est dit: «Elle le ramènera».
Mais j'ai failli encore une fois.

Donc, il est allé à la ville
Pour essayer de me r'tracer,
Il a passé sous toutes les grilles
Et mordu tous les policiers.

Et puis, écœuré de l'amour,
Des charités, des beaux discours,
Il s'est roulé au coin d'la rue,
Attendit qu'on lui passe dessus.

S'il y a des cloches pour les chiens qui meurent,
Que sonnent les cloches pendant une heure,
Il est mort de m'attendre et je l'ai déçu,
Je mériterais qu'on ne m'aimât plus.
Pourtant...

Une fois par mois environ, la sonnette d'en avant sonnait vers l'heure du midi au sixième étage, où nous habitions; j'ouvrais: un aveugle appuyé sur sa canne blanche entrait, et le plus naturellement du monde me demandait de chanter comme on demande à boire dans un bistro où l'on va de temps en temps. Je l'installais sur la chaise et je chantais pour lui tout seul, Il était critique musical dans une revue française, c'est à peu près tout ce que je savais de lui.

Il aimait *le Bal* et *McPherson* en particulier, parce qu'il y est question de gens qui vont dans les ténèbres, mains en avant, à tâtons, cherchant la trouée de lumière par où l'on peut s'échapper d'ici. Il me serrait la main à me la briser, souvent sans un mot, et s'en allait. Je raccrochais la guitare au clou et je pensais que j'étais heureux d'en avoir fait un heureux.

Dans un mauvais bistro, j'avais connu un mécano à tête de bête, une espèce de brute aux épaules en armoire, qui après sa journée à l'usine gardait la porte d'un établissement, situé dans le quartier des mauvais garçons où le port de la cravate est mal vu. Il est venu plusieurs fois aux *Baudets* avec sa maîtresse, une ancienne lionne à poil teint et à bourrelets sanglés. Il me criait de chanter la chanson d'amour, la chanson de dix-huit ans, la chanson de jeunesse, la chanson naïve: *Notre sentier*. Après il se retirait de la salle, venait m'embrasser et s'engouffrait dans le noir des rues, traînant sa lionne.

L'après-midi, j'allais au zoo, au cirque ou au spectacle de marionnettes, ou je flânais sur les quais. Souvent, j'allais faire la conversation avec les deux ours bruns canadiens du Jardin des Plantes, qui semblaient s'ennuyer à mourir derrière de gros barreaux sur les roches chaudes, à côté d'un petit cours d'eau artificiel. Moi, je n'étais pas derrière les barreaux, mais je me sentais loin de ma savane, surtout lorsque je recevais les lettres de mon frère-lièvre de la ferme, qui me donnait des nouvelles du pays.

C'est à perte de vue
Que j'avais du beau blé,
Mais tu ne l'as point vu
J'en suis pas consolé,

m'écrivait-il, et toutes espèces de nouvelles, à peu près comme ceci:

Le petit du voisin
Qui était si joli
Est devenu vaurien
Depuis qu'il a grandi.

Si on t'a attendu,
Mais tu n'est pas venu.
T'aurais vu du beau blé
Maintenant il est coupé.

Je sais qu'il y en aura d'autre,
Ben oui, comme de raison,
Mais aussi ce sera d'autres
Qui le regarderont.

La fille qui t'a aimé
Est une vieille à présent,
Si tu t'étais montré
Elle s'rait moins vieille sûrement.

Puis le feu a détruit
La maison des Bradley,
Avant que ce soit r'bâti
On s'ra tous enterrés.

J'ai r'tardé tant que j'ai pu
Avant d'couper mon blé,
Mais quand l'froid est venu
A ben fallu l'couper.

La forêt à son tour
Où t'as gravé des noms,
La forêt d'tes amours
Elle l'a eu en plein front.

Nous autres on tue ç'qu'on aime,
C'est pas qu'une drôle de vie,
Mais c'qui nous fait l'plus d'peine,
C'est qu'tu sois loin d'ici.

C'est à perte de vue
Que j'avais du beau blé,
Mais tu ne l'as point vu
J'en suis pas consolé.

Un matin, ce fut la première journée d'école de mon fiston-lièvre. Il est parti courageusement au bras de sa mère, avec son coffre, un petit coffre de bois que je lui avais acheté dans le Jura, son béret sur lequel était écrit C.C., cours Chantal, ses bas courts et ses yeux bleus. Il n'a pas pleuré. Nous sommes allés le prendre à la sortie. Il était un peu rouge, surpris, silencieux. Il regardait les autres, puis on l'a questionné, il répondait tout bas. On croyait que les camarades auraient fait des remarques sur son accent du Canada, mais il n'en fut rien. Quelques semaines après, il avait l'accent de Paris et parlait avec autant d'assurance que ses copains parisiens. Il poussait le changement jusqu'à nous corriger sa mère et moi. Bravo! Il était plus courageux que le père à son âge. Quand même, premier jour d'école, demain, jour de noces, et nous? Comme il fallait se hâter de réaliser les rêves de nos douze ans puisque la moitié du voyage était déjà parcourue!

Je pensais souvent aux Bohémiens de ma rue, au Canada. Les Bohémiens-comédiens, les Bohémiens-artistes qui n'avaient pas la chance que j'avais. Principalement, à la réception d'une longue lettre d'un lièvre-artiste, qui, de son lit de malade, m'écrivit une profonde plainte sur l'indifférence et le mépris de ses frères devant son travail de création. Encore, avait-il créé, il pouvait mourir; mais les autres lièvres-artistes, ses frères et les miens, embarqués par erreur dans des fonctions où ils n'ont rien à voir, qui les font sans haine, sans joie, avec bête soumission, ayant volontairement tué l'idéal, convaincus que la révole est inutile, ou, plus logiquement, se répétant sans cesse, en guise de consolation, que le talent leur fait défaut.

Voilà de pauvres Bohémiens bien à plaindre. Plus que Django le Tzigane, qui, au moins, avait été acclamé par l'univers avec sa guitare. Mais les autres...

À tous les Bohémiens, les Bohémiens d'ma rue
Qui sont pas musiciens, ni comédiens, ni clowns,
Ni chanteurs, ni danseurs, ni voyageurs, ni rien,
Qui vont chaque matin, bravement, proprement,
Dans leur petit manteau,
Sous leur petit chapeau,
Gagner en employé le pain quotidien.

Qui sourient aux voisins
Sans en avoir envie,
Qui ont pris le parti d'espérer
Sans jamais voir de l'or dans l'aube ou dans leur poche,
Ces braves Bohémiens, sans roulotte ni chien,
Silencieux fonctionnaires aux yeux fatigués.

J'apporte les hommages émus,
Les espoirs des villes inconnues,
L'entrée au paradis perdu
Par des continents jamais vus,
Ce sont eux qui sont les plus forts
Qui emportent tout dans la mort.

Devant ces Bohémiens, des Bohémiens d'ma rue
Qui n'ont plus que la nuit pour partir
Sur les navires bleus de leur jeunesse enfuie,
Glorieux oubliés,
Talents abandonnés
Comme des sacs tombés au bord des grands chemins.

Qui se lèvent le matin
Cruellement heureux d'avoir à traverser
Des journées
Ensoleillées, usées
Où rien n'arrivera que d'autres embarras,
Que d'autres déceptions,
Tout le long des saisons.

J'ai le chapeau bas à la main,
Devant mes frères Bohémiens.

Où étais-je la nuit dernière? Sur l'avenue d'Inéa, dans une maison, au troisième, chez des amis russes, à Paris depuis vingt ans. Des guitares par terre, le grand feu de bois sur lequel brûle le *schusslick* dans des broches, la profonde voix de contralto de notre grande amie Mme P. et son fils et des amis et des chansons tziganes, et le chœur improvisé que faisaient toutes ces voix, méprisant les formes, ne connaissant que le fond de leurs peines, à l'aise dans le chant, comme des nageurs dans l'eau. Jusqu'à l'aurore, nous sommes restés, évoquant la neige, la plaine, l'immensité de nos pays, les fous chevaux qui galopent à l'horizon, les arbres pleins de froid, et les filles qui se meurent d'amour.

J'ai revu un soir le gros lièvre-touriste canadien, qui m'avait dit au Canada de porter de l'eau et de couper du bois, qu'on n'avait rien à faire, rien à dire, rien à chanter. Il est venu aux *Trois Baudets*, et, à l'entracte, il s'est précipité sur moi, m'a pressé contre son cœur à me briser la boîte, et m'a dit, l'œil tout humide et la voix cassée: «Merci, merci, je te l'avais dit, je te l'ai toujours dit, continue...»

Il est parti vite, la tête penchée sur le côté gauche, avec l'air modeste du faux-lièvre surpris de ne pas recevoir le coup de pied dans l'arrière-train.

Quelle leçon de maîtrise, de propreté, de génie et d'humilité donna au *Cirque Médrano*, à quelque temps de là, le grand clown Grock, que je suis allé applaudir avec le fiston, un jeudi après-midi.

Le mauvais cri humain, la plainte pourrie qui aurait pu surgir des profondeurs du cirque, il en a fait une explosion de joies d'enfants. Domptés les adultes, mis au pas comme les petits, l'homme des matinées qui s'ennuie à Paris et se promène comme une bête perdue en quête d'os à ronger, goûte un peu de l'accordéon mais touché de main de maître, du minuscule violon sorti d'une géante caisse, regarde-toi dans ce vêtement trop ample, et moque-toi de ce crâne luisant et ridicule, tu ris de toi, tu pleures sur toi, pauvre homme. Va, maintenant. Perds-toi dans les rues de Paris. Grock, le clown est mort de fatigue dans sa loge, mais il s'en fout, il t'a sauvé, Et maintenant, tu siffles une petite chanson.

* * *

Mais qu'est-ce que j'ai à ne pas être heureux malgré tout ce qui m'arrive et tout ce que je vois?

—Ça fait déjà un an que tu es ici?

—Un peu plus.

—Puis, tu arrives d'Allemagne?

—Oui.

—Et puis?

—Et puis, tout s'est bien passé. J'ai chanté à Baden-Baden devant mille personnes, pour les médaillés militaires français.

— Où étais-tu la semaine dernière? Tu n'étais pas chez toi.

— Au Luxembourg, où j'ai chanté devant huit cents Allemands, et j'ai dû faire les deux parties du spectacle, la camarade qui devait m'accompagner a rebroussé chemin, étant soudainement malade.

— Et la semaine prochaine, tu vas à Alger?

— Oui.

— Et que penses-tu de tout cela? On t'a vu hier à la télévision chez des amis.

— Je pense que j'aime bien le Canada, que je m'ennuie pour ma savane et que je ne suis pas fait pour la gloire. Je me rends compte que c'est une très petite gloire, mais, même si elle était décuplée, je la supporterais mal. Je veux la paix de mon grenier, les labours de mon champ sous le pied, la crête des Laurentides à l'horizon, et la voix de mon père-lièvre dans mon oreille.

— Tout de même, Paris ne t'a pas mal reçu?

— Que non. Mais voilà où j'en suis.

— J'en parlerai au patron, tu as besoin de vacances.

Le patron m'a dit:

«Faisons Alger. Après ce sera les vacances.»

J'ai pris l'avion pour Alger avec deux lièvres-camarades. J'étais heureux d'aller vers un pays nouveau.

Comme on cueille une fleur, nous sommes venus cueillir le matin en Afrique. Nous avons surpris le matin chez lui, à sa porte, et quand il est sorti, nous étions là près de l'avion. J'ai vu le jour se lever sur l'Afrique, mais un jour tellement neuf, tellement beau, tellement frais de couleur et de jeunesse que je me suis dit: «Ça va faire du chahut dans la vieille Afrique». Pas du tout. Elle en connaissait de semblables du temps d'Abraham et de Moïse.

Premier être vivant que j'ai vu: un chat qui paresseusement traversait l'aéroport. Premier son entendu: des grelots, comme au Canada. Je cours à la barrière, c'est un petit âne conduit par un Arabe en guenilles.

L'Arabe. Une énigme. Que font les blancs ici – se

demande-t-on après quelques heures. Ils ne sont sûrement pas venus sauver leur âme. L'hygiène? La civilisation? Si j'étais un Arabe, je refuserais comme eux d'entrer dans les maisons modernes. Qu'y a-t-il d'écrit sur leur visage de bronze, en dehors du mépris?

Je verrai longtemps ce soldat bédouin sur la route de cactus, s'en aller seul, en balançant ses longues hanches et en lançant des sourires au ciel.

J'ai vu la Casbah où, à cette époque-là, il y avait des règlements de compte presque toutes les nuits, avec ses marchés, ses odeurs, ses rues de la largeur d'un âne. Ce sont les ânes qui y font le service de voirie, portant deux paniers, un de chaque côté du dos.

À première vue, je n'aimais pas l'Afrique, celle-là où il y avait quinze races collées les unes sur les autres. Ça m'a semblé être un nid de divisions, d'intérêts et d'intrigues.

Dans la loge du théâtre où je devais chanter, il y avait une lettre pour moi, signée cousine Françoise, avec prière de venir la visiter le lendemain.

Je me suis longuement attardé dans la nuit, après mon tour de chant, à regarder dormir les enfants arabes sur la place, en bas de ma fenêtre. Moi, j'étais trop riche et eux semblaient trop pauvres. Ce que moi j'appelais pauvreté, était-ce pauvreté pour eux? Ils se f... sûrement de la richesse des blancs. Qui a raison?

Le lendemain, je me rends à l'adresse indiquée pour voir qui peut être cette fameuse cousine. Je sonne à un hôpital tout neuf et tout propre bâti juste au-dessus de la Casbah. Une très jolie religieuse toute jeune me dit: «Tu ne me reconnais pas?»

C'était la cousine Françoise, de Lotbinière, Canada, devenue sœur blanche d'Afrique. J'en demeurai bouche bée. On causa une partie de l'après-midi.

«En passant à bicyclette, j'ai vu ta photo à la porte du théâtre, c'est pourquoi je me suis permise de t'écrire. Merci d'être venu.

Et on parle, parle.

— Tu sembles fatigué, me dit-elle.

— Oui, je le suis un peu. Quand rentres-tu au Canada? lui demandai-je.

— Jamais.»

Elle rit, elle est heureuse, elle s'occupe des vieux Arabes, elle ne pense qu'à eux. Elle a bonne santé, bon œil, bon esprit, et je me souviens qu'au Canada, elle était languissante et triste.

«Pourquoi es-tu heureuse?»

Comme réponse elle me montre son costume qui est celui de l'humilité, contrairement au mien qui est celui de la vanité.

Je la quitte.

Plus que jamais j'ai hâte de retourner dans ma cachette au Canada. Elle semblait libre dans sa petite prison, les Arabes semblaient libres dans leur misère, moi, j'avais le monde pour galoper et je me sentais prisonnier. J'avais violent goût de retomber dans mes guenilles à Vaudreuil.

Vraiment, il fallait que je me change les idées. Alors, de retour à Paris, j'ai pendu au clou la guitare; avec permission du patron, je suis parti pour l'Espagne, avec ma femme, mon fiston, ma sœur et son mari, lièvre-étudiant-médecin à la Faculté de Paris, qui habitait un bateau sur la Seine.

Chapitre IV

Comment, dans une vieille Delage achetée d'occasion, et rafistolée de bouts de broche et de bouts de bois, nous partîmes de Paris, cinq lièvres canadiens, pour une vacance de vingt jours en Espagne.

C'était une énorme voiture tout en moteur, qui faisait tellement de fumée qu'on aurait dit qu'elle chauffait au bois.

Elle me rappelait le bon temps de l'ambulance du lièvre-pasteur-metteur en scène au Canada. On créait un attroupement chaque fois qu'on stoppait dans les villages, soit pour faire le plein d'essence, ou pour lui donner de l'eau à boire, car elle buvait ses trois gallons d'eau par jour. Quand on avait tout essayé pour la faire démarrer, et qu'on se regardait découragés, elle faisait des pétarades et des soubresauts, comme la voiture des clowns dans le cirque, et ne demandait qu'à partir. Nous en profitions.

Que nous importaient les difficultés techniques? Il faisait beau, nous étions en vacances avec un peu d'argent en poche; où que nous nous arrêtions, c'était en pays nouveau, vu pour la première fois de nos vies.

Nous pique-niquions au bord du chemin à l'heure des repas, sous les arbres, comme des touristes intelligents. Voilà la façon la plus agréable de voir du pays. Aussitôt que le jour commençait à baisser, nous guettions le premier hôtel, où nous nous engouffrions pour la nuit.

C'était l'époque des vacances de Pâques. Et ainsi nous sommes arrivés en plein Barcelone, le vendredi saint à midi. D'interminables files de chaises vides faisaient face à la rue, sur le trottoir. On demanda pourquoi. C'était pour la procession religieuse de ce soir.

Vers sept heures, une foule énorme envahit les chaises, les balcons, les terrasses et même les arbres pour voir le défilé, vraiment spectaculaire, un peu choquant peut-être. Des femmes pieds nus, chaînes aux pieds, portaient de grosses croix, des hommes en cagoules noires, des flambeaux, des autels entiers portés à huit sur l'épaule des marcheurs, de la musique funèbre, des enfants, des confréries, des groupes de pèlerins priant à haute voix, des prêtres, des religieux, des cierges. On avait l'habitude de processions et de cérémonies religieuses au Canada, mais jamais poussées à cet excès. Nous devions apprendre petit à petit que le peuple espagnol ne fait rien à demi; c'est l'un ou l'autre. Quand on vous sert l'apéritif, c'est plein le verre jusqu'à ce qu'il déborde; les chambres d'hôtels sont minuscules ou énormes; les lits très étroits ou larges pour quatre personnes. À la sortie de Barcelone, nous avons trouvé un hôtel magnifique au bord de la mer, où nous avons décidé de rester cinq jours entiers, à faire la paresse. Quand même aurait-on voulu aller plus loin, la voiture s'arrêta là, à l'entrée du parc de l'hôtel, les deux roues de devant se sont barrées là: «Ici je m'arrête». Impossible de tourner d'un côté ou de l'autre. Des garagistes sont venus le lendemain dénouer l'entêtement.

Je me souviens d'un citronnier remplis de fruits et d'une petite colline pleine de fleurs où nous allions rêvasser durant le jour. Et le beau-frère nous parlait de médecine, de maladies, de misères qu'il y avait dans Paris.

On écoute toujours cela avec plaisir, surtout quand on se sent un peu malade soi-même de ne pas faire la moitié de ce qu'on voudrait faire. Ma maladie était bénigne puisque, à l'entendre, j'étais guéri.

«Quand je me regarde, je m'inquiète; quand je me

compare, je me rassure», disait souvent un comédien de mes amis.

Le lendemain, qui était Pâques resplendissant de soleil, nous sommes allés à la messe, et l'après-midi, comme tous les Espagnols, nous sommes allés le fêter en assistant à la corrida.

Le fiston agitait un drapeau, les femmes s'étaient faites belles, et nous, nous avions piqué sur le veston pâle acheté la veille, la rose rouge, comme des imbéciles.

* * *

Elle habitait avec sa mère, dans une petite maison, derrière un vieux comptoir où elle vendait des chiffons et des fleurs.

Nous y sommes entrés par hasard, le beau-frère et moi, pour acheter des souvenirs à nos femmes, et nous sommes restés cloués de surprise devant la beauté de cette jeune fille.

D'abord, nous n'avons rien acheté, pour avoir le plaisir de revenir la voir. Puis, nous avons acheté des choses idiotes, pour revenir les changer.

Nous sommes revenus deux autre fois, achetant chacun à notre tour. Elle devait avoir seize ans. Je n'entreprends pas sa description. Sachez que le beau-frère et moi, on a vu vivante en chair et en os, c'est pas un péché de le dire, les saints du ciel m'entendent, mais on était sûrs d'avoir vu la Vierge Marie.

C'était un village de quarante maisons, sur une place pas loin de Tarragona, cuite de soleil, avec trois petits ânes attachés à la porte voisine qui était la porte d'une alimentation.

Nous pensions la revoir le lendemain à la corrida. Nous ne l'y avons pas vue.

Nous comprenions le matador de risquer sa vie, parce que nous pensions naïvement qu'il devait se battre pour elle.

Chapitre V

Comment réagit un ancien «bœuf-man» du Canada, quand il voit tomber, sous l'épée des matadors, les bœufs d'Espagne appelés toros, et de la promesse qu'il fait intérieurement de ne jamais raconter ça dans les étables canadiennes, aux bœufs du pays qu'on attelle pour le transport de la glaise.

«Quand, au beau milieu d'un champ, un taureau vous attaque, naturellement vous l'empoignez par les cornes pour lui faire faire la culbute, mais quand vous le lancez par-dessus votre épaule droite, il ne faut jamais le faire pieds joints, mais l'un devant l'autre, pour faciliter le départ précipité vers la clôture.»

C'est en pensant à cette folie de mon frère-lièvre du Canada, dite au chantier de glaise autrefois, que nous sommes entrés dans l'arène espagnole, pour assister, tout tremblants d'avance, attirés par le sang comme tout le monde, à notre première course de taureaux.

Ça se passe l'après-midi sur le sable de l'arène et en plein air: un forum sans toit.

Il y a deux classes de billets: les moins chers, à l'endroit ou c'est écrit *SOL*, pour ceux qui auront le soleil en pleine face tout l'après-midi, un peu plus cher pour l'autre partie des spectateurs qui auront le soleil dans le dos.

Une fanfare costumée, dans le haut des estrades, souffle à pleins poumons des marches espagnoles dans ses instruments à vent. Ça vous met dans l'ambiance. Le temps est à la fête, mais une fête tragique. On sent vraiment qu'on va assister à quelque chose, et quand ce quelque chose finit par la mort, c'est lâche, mais passionnant. Même *peanuts* qu'au Canada, et le «coca-cola» est remplacé par une bouteille de «gaz» d'une autre couleur. Jusque-là, on se reconnaît, à part la langue qui se parle alentour et la démonstration de gestes et de mimiques que font les lièvres espagnols, quand il causent.

Après que les invités d'honneur ont pris place dans la loge centrale derrière la balustrade sur laquelle pend un tapis coloré, les deux énormes portes d'un fossé s'ouvrent et les lièvres qui vont flirter avec la mort s'avancent.

D'abord, les lièvres-picadors, à cheval sur des montures caparaçonnées jusqu'aux sabots d'un épais matelas, tête comprise, portent la pique de la longueur d'une gaffe à draveur. Ensuite, les *toreros*, ceux qui vont se battre avec les *toros*, et les *matadors*, ceux qui vont les tuer. Tout ce monde entouré de valets et de serviteurs de l'arène. Les *matadors* sont les grandes vedettes et ce sont eux surtout que la foule est venue applaudir. Leur entrée est saluée par des tonnerres de cris et de bravos. Ils sont vêtus de satin à couleurs vives, très sveltes dans leur collant, le bas de soie et le petit soulier léger comme un soulier de danseur. Ils portent la cape, l'épée, le chapeau à deux cornes et une petite toque comme un petit chignon piqué sur la nuque, ce qui est la marque de leur métier. Ils saluent noblement devant l'estrade, envoient des coups de chapeau à la foule et se retirent au banc des joueurs, derrière la palissade, d'où ils étudient les gestes, le caractère, les faiblesses du rival à quatre pattes qui va venir. L'arène est vide. Aussitôt, de l'autre bout, s'ouvre une porte et bondit à pleine vitesse le premier *toro*. Affolé par la vue soudaine de la lumière, il s'arrête net et se demande où il est.

Ce sont de magnifiques bêtes noires à corne pointues et puissantes, élevées presque à l'état sauvage, dans de lointaines prairies, Vigoureux, courageux, souples, petits du derrière et gros du poitrail, ce qui est la marque des athlètes, ces taureaux n'ont pas la lenteur et la lourdeur des bœufs de travail de chez nous.

Nerveusement, ils regardent, tournent, s'élancent, s'arrêtent, lancent du sable avec leur sabots en mugissant. Vraiment ces animaux trouveraient bien monotone l'attelage à traîneau pour le charroyage de la glaise dans le froid jusqu'aux yeux.

De derrière les bandes, les *toreros* agitent leur cape rouge, le *toro* s'élance et frappe la cape... qui n'y est plus. Ils viennent de donner à pleine force dans la palissade de bois, dont un état souvent saute dans les airs. On applaudit le *toro*, sa vigueur, sa bravoure autant que celles des *toreros*.

L'exposition étant faite, on attaque le premier acte qui est la première rencontre de l'homme et de la bête. Un joueur paraît, et c'est là que je pensais à mon frère qui conseillait de prendre le taureau par les cornes... Un joueur donc, armé de deux banderilles, s'avance dans l'arène. Ce sont deux bâtons, recouverts de papier fleuri, terminés en pointe d'hameçon, qu'il faut rentrer au passage dans le garrot de la bête. La bête fonce sur vous à cinquante à l'heure. Comme elle vient pour vous encorner, vous faites un petit saut de côté et, en passant, lui piquez sur le dos vos deux bâtons pointus, qui restent là, pendants, et que la bête piquée essaie d'enlever en ruant et se cabrant. On leur en pose six, de ces banderilles. Dans le papier coloré se mêlent les premières gouttes de sang. La foule applaudit et le *toro* s'inquiète et s'échauffe. Il veut vraiment se battre, il fonce partout à la recherche d'un adversaire (bien qu'une fois j'en ai vu un qui avait compris tout de suite et s'est calmement couché au milieu de l'arène, jusqu'à ce qu'on lui ouvre la porte conduisant à l'étable).

Voilà un adversaire, c'est le *picador*, le joueur le moins populaire de la fête, parce que son rôle consiste à faire saigner la bête pour l'affaiblir. Ce lièvre-cavalier paraît monté sur son cheval recouvert d'un épais matelas; pique au poing, il attend l'animal qui fonce sur le cheval, l'encorne et souvent le renverse. Pendant que pousse le *toro*, le *picador* a rentré sa lance à la place des banderilles et pousse et vrille et tourne à son tour de toute sa pesanteur. On recommence ce petit jeu deux ou trois fois. Quand le *toro* a assez saigné, le *picador* s'en va au grand plaisir de la foule qui n'aime pas évidemment ce combat inégal.

Alors, la vedette fait son entrée, la cape rouge à la main, l'épée au milieu. Il salue, semble calme. Il fait signe aux valets de se retirer et reste seul avec le *toro*. C'est silence. Le face à face, loin de la palissade, où il n'est pas question de fuite ou de faux pas ou de distraction. Il se tient droit et, à petits pas frappés violemment sur la poussière, le lièvre-*matador*, en pleine forme, en pleine possession de ses moyens, l'œil clair et le poignet bien huilé, engage le combat avec la tête. Le *toro* l'examine, l'étudie, le regarde et soudain, fonce. Il fonce désespérément dans le petit morceau de coton rouge et ne frappe que du vent. Ce sont des passes, de la danse, le flirt avec la mort. Chaque *matador* a son style qu'il travaille depuis des mois. D'aucuns sont sérieux et tragiques et parlent au *toro* à mesure qu'ils le mystifient. D'autres semblent plus détendus, ont le sourire et font la rencontre en se jouant d'aise, sachant quand même que le plus petit coup de corne peut les envoyer valser dans les airs. S'il survient un accident, une nuée de camarades bondissent de tous les coins et appellent le *toro* ailleurs en agitant l'étoffe rouge, ce qui empêche le malheureux d'être piétiné. Ceux qui ont peur effraient la foule et sont forcés de quitter la piste.

Vraiment ce spectacle en est un de précision, d'adresse, de courage et d'audace. Un jeune homme est là face à un *toro;* la force d'un côté l'intelligence de l'autre. À chaque passe, la foule crie, puis fait silence et recrie comme une grande vague et revient au silence, un silence plein d'électricité. La foule exige des passes de plus en plus difficiles, des risques plus accentués, la tension monte, les esprits s'échauffent, on est debout. C'est l'instant des grands maîtres. Genou en terre, passe par derrière, sur le côté, double passe sans bouger le corps, la corne touche le pantalon du lièvre. Il n'y a que la cape qui bouge. Et le *toro*, de rage, se fatigue, se décourage, se désespère, mais revient à la charge. Malheur s'il attrape l'homme.

Cette phase de jeu est terminée, le *matador* s'éloigne quelque peu de son rival qui reste là hébété, langue pendante, se demandant comment il se fait qu'il ne frappe toujours que du vent. L'homme salue. La foule l'applaudit ou le siffle, selon la valeur de son travail. Puis on passe au nœud de la cérémonie, qui est la mise à mort.

Le *matador*, après avoir pris permission de mort sur un signe des personnalités qui président, prend son épée de la main droite et voilà la minute de vérité. Visant toujours dans la plaie, face à face avec le *toro*, agitant de la main gauche sa cape à ses pieds, il attend, l'épée tendue, que l'animal fonce. Le coup doit être direct, sûr et fatal. Le *toro* fonce, ce sera la dernière fois. L'épée lui entre dans le cœur. Il tombe, raidit les pattes et meurt presque tout de suite. S'il continue de vivre parce que mal frappé, l'homme tire un petit couteau de sa ceinture et l'achève en lui appliquant un coup de grâce au-dessus du front entre les deux cornes. C'est fini. Le vainqueur salue, un pied sur la victime, fait le tour de l'arène devant la foule debout qui hurle, montre son rival mort sur le sable et va s'incliner devant la loge d'honneur, d'où les femmes-lièvres lui lancent des fleurs rouges.

Deux mules, ou deux chevaux attelés à un bacul viennent en vitesse prendre la dépouille, qu'un charretier chaîne par les cornes, et le temps de le dire, le Toro mort a fait son tour d'arène, la foule l'a applaudi, il est disparu dans les profondeurs de l'enceinte par la porte des morts, qui est voisine de celle des vivants.

La fanfare éclate. Vous n'avez pas le temps d'allumer une cigarette; trente secondes après, l'arène est vide, le sang est recouvert de sable, les deux énormes portes qui séparent le soleil d'avec la nuit se sont ouvertes et bondit un deuxième *toro*, aussi frais, aussi beau, aussi nerveux que le premier. À son tour, il est venu là pour mourir.

Quand la bête est superbe, ce qui est coutumier en Espagne, l'éleveur ou le propriétaire se lève dans sa loge et salue la foule qui le félicite sur la qualité de ses lutteurs.

Une *corrida,* ou course de *toros*, comprend sept mises à mort.

Vous rentrez chez vous, tête basse, un peu dégoûté, fatigué, infiniment moins fringant qu'à l'aller.

Moi, entre deux mises à mort, je suis monté jusqu'aux dernier gradins, je me suis penché derrière l'arène, et j'ai vu un boucher s'éloigner, avec le toro, dépecé, vidé, débité en quartiers. Une vieille mule, conduite par un vieux petit boucher, tirait les morceaux du champion photographié hier, acclamé il y a un instant et déjà oublié. Je pensais que les *toros*, qu'ils soient superbes ou modestes comme les taureaux à glaise du Canada, finissent tous pendus au crochet.

Je ne crois pas que l'un soit moins utile que l'autre.

Chapitre VI

Comment, sous la gare d'Austerlitz, derrière les voies ferrées et les entrepôts ferroviaires, j'ai découvert le petit théâtre de mes rêves où s'amusent des lièvres-cheminots-amateurs à monter des spectacles professionnels dignes de la Comédie Universelle.

Il est blond l'homme qui dirige tout cela. Il est modeste de tenue et pauvre de portefeuille, mais riche de talent et de culture, ayant l'âme vibrante à la moindre émotion humaine, comme une harpe au vent.

C'est devant le nid d'aigle de Francis Blanche à Eze, près de Nice qui regarde la Méditerranée, qu'il me fut présenté. Il jouait aux boules, et Francis m'a dit: «Je te présente le sieur Demay».

Et le sieur Demay a laissé tomber la boule pour serrer la main du lièvre du Canada. Et on a fait la partie avec ces dames et après on est allé au fond de la mer avec les masques et les pattes de grenouilles, voir un peu ce qui se passait entre les algues sous les crêtes de corail. Après, on a parlé théâtre. Et l'homme de la gare du chemin de fer en savait long.

De retour à Paris, comme il m'avait donné un billet, je suis allé le voir jouer à Austerlitz dans son théâtre d'amateurs. Et sont venus les lièvres-cheminots, tenant en bouche le verbe du lièvre Marivaux dans sa pièce *les Petits*

Hommes, ou *l'Île de la Raison*. Et voilà que ces petits hommes étaient grands de compréhension, d'humour, de jonglerie et de phisolophie. On sentait qu'il y avait derrière tout cela des années de patience et d'amour.

J'étais avec ma femme et le beau-frère et sa femme et nous sommes sortis de là, heureux, légers, reposés, lucides, nous répétant des parties du texte, en exécutant cabrioles et sauteries sous les arbres de la place Valhubert.

J'avais trouvé mon homme, mais je n'osais le dire.

—Si je lui faisais lire *le P'tit Bonheur ?*

—Écoute, tu vas trop loin, me disait ma femme, effrayée, attends.

Mais je ne pouvais pas attendre. Avec mon air niaiseux de lièvre de province, un bon soir, après m'être assuré qu'il n'était pas débordé de travail de répétitions, je tendis à Demay une enveloppe canadienne, dans laquelle était plié le spectacle appelé *le P'tit Bonheur*, joué devant salles vides dans le pays du Canada et enterré, comme vous le savez, après échec. La main me tremblait. Il finit par attraper l'enveloppe et me dit: «Je le lirai».

Une semaine plus tard, je recevais une lettre de lui et je n'osai l'ouvrir, une lettre bleue à papier mince avec, en haut, à gauche, le masque et le mot *Équipe*. Les deux mains me tremblaient. Je finis par ouvrir et par lire. J'étais heureux. C'était bon. Il l'avait aimé, compris et vu. Que m'importait maintenant qu'on joue ou pas, il l'aimait. Il me priait de venir le voir.

Je m'en fus le rencontrer à son petit théâtre de répétitions situé derrière la cour d'aiguillages. Il me présenta à sa mère, costumière de l'équipe, aux couturières, aux comédiens-cheminots, à des maquettes de spectacles précédents représentant douze années de travail, à des auteurs inconnus de moi, à sa vie de tous les jours qui consistait à occuper les loisirs des employés-lièvres de la Société Nationale des Chemins de Fer français, et les énormes caisses de jonc dans lesquelles il pendait les costumes pour les spectacles de tournée, car cette dite compagnie de chemins de fer transporte gratuitement à travers l'Europe, en leur réservant un wagon spécial, ses propres comédiens qui mangent et couchent à bord du train quand ils sont dans les pays d'Allemagne ou de Hollande. Voilà une société de chemins de fer qui serait bien gênée de ne déplacer que des clients payants. Elle a ses artistes à elle, ce qui ne lui nuit pas en publicité, étant donné la réputation enviée que possède sa troupe.

Des comédiens de grand nom, souvent entortillés dans les câbles colorés de la gloire et dans le répertoire plein de fils d'araignée des boulevards, viennent là incognito prendre un bain d'humilité et de dépouillement.

J'étais là chez lui, avec lui, et l'amitié entrait par toutes les fenêtres. Le sieur Demay, qu'on ne voit jamais dans les brillants cocktails ou dans la page des vedettes, est chef de la petite oasis, cachée derrière les rails où passent les rapides de France. Mais le train, il le prend parfois pour aller porter la parole des maîtres de son pays aux quatre coins de l'Europe.

Et je fis le rêve incensé de voir dans les caisses de jonc les costumes du *P'tit Bonheur,* pendus là et prêts à partir en tournée. Je referais avec mes textes les lieux, théâtres, salles, patelins, bords de mer, fonds de forêts, que j'avais faits avec la guitare, mieux encore, après une tournée triomphale en Europe, je rentrerais au Canada avec le sieur Demay et j'irais directement voir les chefs-lièvres des splendides trains canadiens, pour leur donner envie de posséder eux aussi leur troupe de comédiens qui porteraient la pensée canadienne de l'Atlantique à l'autre mer.

— Que fais-tu?

— Je rêve.

— C'est permis, dit-il. Viens.

Il m'amena à son bureau et me parla du *P'tit Bonheur*.

Volupté de l'entendre. Sur un papier, il griffonnait distraitement des noms de comédiens. Il se levait et disait en la mimant une réplique du *Banc sur la route*. Je me tordais de joie, et lui aussi, du plaisir de voir un lièvre si content de son texte.

«Ça marche, on le monte, il faut le monter. On aura des ennuis, mais on le monte.»

Le patron fut averti, il nous seconda même de son appui financier; littéralement, je nageais dans la joie.

«Quand et où?»

Évidemment pas à Austerlitz, parce que c'est un théâtre réservé aux employés de la S.N.C.F. et, deuxièmement, on n'y joue que les auteurs morts. Je regrettais quasiment de ne pas l'être. De toute façon, le contact était fait, j'avais une raison nouvelle de rester à Paris, un grand metteur en scène s'était penché sur mon écriture. J'en avais suffisamment pour rêver plusieurs mois. Ce que je fis en composant une pièce nouvelle.

D'abord fut écartée l'idée de faire venir les comédiens canadiens, créateurs des rôles au Canada (il aurait fallu payer leur passage); nous avions songé à la question du retour: pouvait-on prendre la responsabilité de lancer dans une aventure (le théâtre en est toujours une) des lièvres ayant position, femme et enfants? Nous nous mîmes donc à la recherche de quelques comédiens français. Le spectacle fut mis en chantier dans le petit théâtre rouge du lièvre Demay.

J'entends encore la musique que me procura la première lecture du texte pondu dans le grenier de Vaudreuil. J'avais l'impression de réentendre mes chansons harmonisées par le lièvre-musicien Grassi; cette fois le chef d'orchestre était le sieur Demay.

Puis, quelques jours après, pas de copie, du par cœur. Vingt fois, quarante fois chaque réplique, les rôles sus, les comédiens à l'heure, peu de temps pour flâner, beaucoup pour travailler, de la recherche, de l'obéissance, l'appel du personnage, personne ne souffrait de supériorité avec des démangeaisons de se mêler de la mise en scène, de corriger la phrase, ou de faire la leçon aux camarades. Des bons ouvriers, chacun solide comme des lièvres-laboureurs qui disent: «J'ai cette planche-là à labourer, je m'y mets et je m'y mets tout de suite».

Entre autres, le vieux comédien dénommé Rimbourg.

Ce qu'il m'a plu cet homme! Tout petit, tout laid, tout crochu, qui faisait courir Paris à Babylone, y jouant tous les soirs un personnage bouleversant. Non seulement il y avait de l'enfance dans ses yeux bleus, de l'intelligence dans sa conversation et de l'éducation dans sa vie, mais si doux, si plein d'âme, si sensible. Il laissait le tapage aux cabots et l'amertume aux illusionnés. Lui, il *était* simplement.

Je me retirai sur la pointe des pieds, les laissant travailler, car j'avais des engagements à remplir en dehors de la France avec ladite guitare, à laquelle j'étais redevable, il ne fallait pas l'oublier, de mon séjour en Europe.

C'est dans cet esprit que je pris ma femme d'une main, ma guitare de l'autre et je m'en fus à Rome, pays italien, porter mes chansons devant la noblesse romaine, me promettant d'y retourner porter mes textes de comédie. Pourquoi ne pas rêver, puisque je n'avais fait que cela une bonne partie de ma vie, travaillant tous les jours mon rêve, jusqu'à ce qu'il devienne réalité, faisant route avec moi? À voir. À voir pour celui-là.

Chapitre VII

Comment dans la même semaine, j'ai fait le salut du lièvre campagnard devant deux rois.

Le train Paris-Rome s'ébranle à vingt heures. À bord d'un des compartiments-couchettes, il y avait deux lièvres-canadiens dans leurs plus beaux atours, heureux et émus comme à un voyage de noces d'entreprendre un si merveilleux voyage.

Ma femme avait la liste de petites dépenses-souvenirs à faire en pays d'Italie, moi, un contrat pour l'*Open-Gate* de Rome. On avait confié le fiston à Mme Durand, notre propriétaire, amie et ange gardien à Paris depuis plus d'un an déjà.

Tchou tchou... le train pour la Ville Éternelle s'ébranle de la gare de Lyon, de la même façon que le p'tit train du Nord de la chanson, avec la différence qu'il est électrique et qu'il siffle au lieu de crier.

Quand nous sommes passés à la frontière suisse, je dis à ma femme: «Réveille-toi un peu, que tu voies les douaniers suisses».

Un œil ouvert, elle entrebâilla le rideau et vit les douaniers suisses avec l'uniforme vert-gazon, la casquette à palette et un coffre de fer, comme un petit coffre d'outils attaché à la ceinture, sur le côté gauche du pantalon. Ça fait que pour s'appuyer, les douaniers suisses n'ont pas à chercher une tablette ou un comptoir, ou le quat'roues à bagages, ils s'appuient le plus simplement du monde sur leur petit coffret de fer qui est là, à portée de coude. Dans ce coffret, il y a des papiers, un revolver, des cigarettes, de l'argent, de l'or, des perles et autres menus articles de contrebande qu'ils saisissent au passage et qu'ils vont transvider dans un coffre plus grand qui est dans le bâtiment principal sur lequel sont appuyés les lièvres-lieutenants de la douane. À la douane française, le coffret est remplacé par une besace de cuir qui leur pend jusqu'aux genoux à la façon des quêteux de par chez nous. Ceci dit sans malice, parce qu'au Canada, ce n'est pas mieux: les conducteurs de train et les douaniers fourrent tous ces objets dans leur poche de veston, ce qui fait que le costume est plus large d'un côté que de l'autre.

— Qu'avez-vous là dedans? me demande en souriant le douanier suisse.

— Mais, ma guitare!

— Parfait.

Il revient avec un camarade et me dit toujours en souriant:

— Ouvrez.

J'ouvre et il y avait la guirare. Il la toucha avec nostalgie et la fit toucher à son camarade. Ils hésitèrent tous les deux avant de passer au compartiment suivant. On aurait dit qu'ils voulaient que j'en joue. À ma surprise, vrai comme je suis là, le chef douanier remercia et, appuyé sur son coffret, il s'éloigna en sifflant le *P'tit Bonheur*.

Je me souviens du réveil, le lendemain matin, par un soleil éblouissant sur la Méditerranée. Il faisait si beau, puis si jolie est la campagne italienne, que je sortis la guitare de sa tombe, pour qu'elle voie, elle aussi, la mer bleue, le ciel, le magnifique pays du *bel canto*. Je dis à ma femme: «J'ai bien hâte d'arrêter à une gare pour qu'on voie un peu les Italiens».

Dix minutes plus tard, c'était fait. Un très long quai, et dessus des lièvres en costumes d'alpinistes, des fillettes en robes de communiantes, un groupe de vieillards en chapeaux luisants comme des tuyaux de castor, un groupe d'officiers avec la longue mante bleue doublée rouge, des policiers portant chapeau plat noir, gants blancs et guêtres blanches.

Ils vous demandent billets et passeports presque en chantant. Ils sont superbes de teint et de taille et il ne faut pas regarder deux fois les yeux des Italiennes; la deuxième fois, vous y restez accroché, incapable de clignoter. Elles ont la chevelure très noire, la peau olive, l'œil de braise et la main fine. La musique est dans leurs mœurs, comme nous le coca-cola. Ils en boivent. Tout est prétexte à chansons, à gesticulations, à démonstrations, à manifestations, à agglomérations, à célébrations.

Ce sont des lièvres fort sympathiques, exéburants, chauds et très humains. Quand on sait ce qu'ils ont souffert, on ne peut peut s'empêcher de penser qu'ils ont des réserves d'énergie peu ordinaires pour rebâtir leur pays avec des poings de courage. Le malheur fait partie de leur vie. Ce sont des artistes. Ici, les grilles des prisons pour femmes sont faites de fleurs en fer forgé; et sur les poignards à vengeance, il y a des mots d'amour gravés sur le manche.

«Regarde le drôle de silo, qui va tomber, me fait ma femme.»

Je regarde. En effet, un énorme silo, exactement comme celui de mon voisin du Canada, mais fait en pierres, est là. Penché. On se regarde en riant tous les deux; c'est la tour de Pise.

À la gare de Rome, dans la foule, vous n'avez qu'à fermer les yeux un moment et vous avez l'impression, en écoutant la langue, que tout le monde se chatouille.

Vous dire comment on a été reçu à Rome est bien difficile. Nos bagages n'étaient pas déposés à l'hôtel de la ville sur la place d'Espagne que le téléphone sonnait de l'ambassade canadienne, du collège canadien, de mon impresario du club, d'une princesse italienne rencontrée à Paris, etc.

C'était l'approche des fêtes au mois de décembre, et dans chaque fenêtre il y avait des petites crèches, des poupées, des mages, des petits animaux, des jouets, des lutins aux couleurs extraordinaires.

Je me souviens d'une poupée assise au sommet d'une petite chaise rouge, je dis au sommet, parce que les barreaux, fins comme des allumettes, d'une longueur démesurée, supportaient un siège tout petit et finement sculpté avec un petit dossier à barreaux. La danseuse italienne qui y était assise, guitare au flanc, avait de vrais cheveux et le peigne de corne piqué dans le chignon noir charbon...

Une voiture de l'ambasasade de notre pays fut mise à notre disposition avec chauffeur, qui nous emmena sur une hauteur voir les Sept Collines. Spectacle magnifique, inoubliable. Je n'oserais entreprendre de vous décrire la moindre merveille vue dans cette ville qui est la plus riche du monde en trésors de toutes sortes. Elle regorge de beautés, de monuments, d'histoire. Comme un monsieur disait: «On voit Rome en quarante-huit heures ou en quarante-huit ans». Nous n'avions pas le choix, mais nous aurions préféré avoir quarante-huit ans d'espace devant nous.

Ni ma femme ni moi ne comprenions un traître mot d'italien; cependant, on doit vous avouer que le soir même, à l'*Eliseo Teatro*, on assista au spectacle du Molière italien qui s'appelle Goldoni, et on a tout compris, tellement le geste, le jeu, la mimique, la danse, les pas sont naturels et étonnants de vérité.

Une fois à Paris, j'avais vu au Marigny le *Piccolo Teatro* et c'est, je crois, le plus magnifique spectacle vu de toute ma vie. Nos six jours à Rome passèrent comme une journée. On allait d'ouverture en fermeture de bouche, de oh! d'admiration en ah! d'extase, de surprise en émerveillement, de contentement en approbation. Vieux pays encore une fois, droit et racé dans ses deuils, qui en a vu, mon Dieu!

Alors donc, vous entrez dans cette première cathédrale souveraine de la chrétienté qu'est Saint-Pierre, et vous vous sentez le grain de sable dans une main. Moi qui ne connaissais rien en sculpture, je suis resté une heure devant un groupe d'anges et de séraphins, assis mollement, jambes pendantes, au fin bord d'un nuage, entre ciel et terre. On aurait dit qu'ils allaient s'envoler d'un instant à l'autre, et qu'à souffler sur le nuage, ils s'évanouiraient. Nuage et personnages étaient en marbre blanc. Tout cela est tellement puissant et grandiose, le Moïse, l'Enfer, la Pietà, la chaire de vérité avec les serpents liés et les anges debout sculptés qui enlacent la chaire, et les mitres des papes qui pendent du plafond depuis des siècles, et l'or du chœur, et les peintures des maîtres, et les vitraux et l'éclairage et la profondeur du vaisseau et la force de la religion et les tombeaux des papes, que vous devenez tout étourdi de beautés. «Courbe-toi, courbe-toi», nous dit ce lieu. Les superbes là dedans avancent mains jointes et le raisonnement philosophique détraqué. On admire. On s'incline. On aime, qui qu'on soit. Ma femme et moi, on se sentait microbes invisibles, l'œil et le bec entrebâillés de respect, mais pas du tout humiliés.

Je le nomme parce qu'il nous a tellement fait plaisir, c'est M. Dupuis, l'ambassadeur du Canada à Rome, qui s'est chargé de notre bonheur dans la Ville Éternelle.

Il était présent avec sa femme (que nous avions connue au Canada avec son fils et sa fille) le premier soir de mon tour de chant à l'*Open-Gate*, qui signifie: «Barrière ouverte». Or, c'est un club sélect, riche où se rencontre la noblesse romaine. Il y eut banquet avec le personnel de l'ambassade au complet, avant le tour de chant.

On m'avait placé entre deux princesses italiennes, deux femmes d'une grande beauté et d'une infinie douceur, rivalisant de charme et de tendresse, curieuses de voir un lièvre des bois du Canada. Je me retournai et à la table derrière, couverte d'argenterie, j'entrevis ma femme-lièvre, entre un général et un jeune premier italien, qui lui versait à boire dans une coupe qui m'a semblé d'or. Fleurs, femmes, mets, vins, musique, conversations, tout embaumait.

Je m'excusai gentiment pour aller passer le costume, la tenue de scène. Et dans ma chemise de flanelle, mes souliers de draveur et mon pantalon de velours côtelé, j'entrai sous la petite lumière au centre de la piste. Je crois qu'on me fit une ovation parce que j'avais dépassé en audace les bornes de la convenance vestimentaire, ce qu'on n'avait pas vu depuis longtemps, peut-être jamais; une sorte de bûcheron à col ouvert qui met le pied sur la chaise d'or, se ferme les yeux, et chante les durs labours de la terre lointaine.

Le lendemain soir, le roi Farouk, un habitué de l'endroit, était présent et il est revenu le soir suivant. D'accord avec le maître artistique du lieu, je n'ai pas chanté la chanson du *Roi Heureux* où il est dit: «Ayez pitié de ceux qui sont rois». Un roi a peut-être besoin de pitié, mais pas publiquement dans un tour de chant. Je me souviens qu'il avait goûté particulièrement la danse paysanne, l'histoire de la fille qui s'était coupé la main en coupant son pain. Ma rusée de femme-lièvre ne le perdait pas de l'œil.

Et ces princesses! Le mari de l'une d'elles (un homme d'un âge certain) avait raison de me surveiller et de surveiller sa femme, parce que, je m'excuse, mais, sous son masque de reine, elle avait du lièvre dans le corps et dans les yeux et je me sentais des humeurs royales et conquérantes. C'est pas des cils qu'elle avait: des pinceaux, et pas des doigts: des tisons ardents; pas une bouche: mais une grenade en fleur, et elle avait bien la chevelure pour faire quatre bons petits coussins, et une hanche de panthère et des dents à déchirer une épée. Ah! *Santa Madonna!*

Avec son brave mari, elle insista pour venir nous reconduire un soir. Ma femme fut placée en avant avec le colonel et j'étais à l'arrière avec elle dans la limousine capitonnée de bleu-nuit. Un coin de rue et, hélàs! déjà l'hôtel. Dommage.

— Si j'avais su, dis-je à ma femme, on serait descendu à un hôtel de la ville suivante.

— C'est ce que j'ai dit au jeune premier pendant le dîner, me confia-t-elle, en enlevant son châle italien.

Madonna Mia!

Nous nous étions donné rendez-vous sur la place Saint-Pierre, près de la porte de Bronze, à cinq cents pieds sous les fenêtres du pape.

Nous étions douze Canadiens français et anglais, dont

trois religieuses, une jeune fille, un médecin et sa femme, un organiste de New York, un étudiant chanteur, un mordu de «religiomanie», un jeune prêtre canadien, ma femme et moi. Et je te donne la main, et j'irai chez toi, et je te prends la photo, et tu me prêtes ton chapeau, et tu acceptes mes cigarettes, et je te paie à dîner, je te raconte une histoire et je te lis une lettre de Québec, et je te dis ci et je te promets ça... La joie de douze lièvres du Canada qui se rencontrent dans une savane comme Rome.

On monte, précédés du jeune prêtre canadien, un lièvre débrouillard et plein d'esprit qui parlait italien. Les gardes suisses, baïonnette au fusil, nous ouvrent passage. Un officier demande de laisser au comptoir nos appareils photographiques, nos revolvers et nos couteaux de chasse. Nous n'en avons pas.

On monte, on tourne d'escalier en escalier, on traverse salons, salles, corridors drapés de rouge, rutilants de trésors ramassés au cours des siècles.

Devant chaque porte, une sentinelle, et des soutanes rouges, violettes, noires, blanches, brunes qui s'agitent, courent, se croisent, papiers à la main, et des pèlerins solonnels et impressionnés qui attendent leur tour dans des salles d'audience.

Nous sommes placés dans le salon le plus éloigné du dehors, c'est-à-dire, le plus près du cœur du Saint-Père, parce que nous sommes les pèlerins venant du plus lointain pays. Il est assez difficile pour un Romain d'avoir une audience du Saint-Père, parce qu'il peut le voir les jours de fête à son balcon. Mais nous, qui ne viendrons qu'une fois dans la vie à Rome, avons le privilège des fils éloignés.

Je ne sais si c'est la nervosité, ou le trac, ou la joie, ou l'émotion, mais je suis fou, je ris, je fais des blagues avec le «religiomane», je bouscule l'organiste et je cherche ma photo au mur et toutes espèces de joyeuses platitudes qui donnent le fou rire comme aux enfants à l'Église, jusqu'au prêtre canadien qui est plié en deux et m'ordonne, blanc de frayeur, de cesser les folies et les mots d'esprit qui me viennent facilement quand je suis nerveux.

Un brouhaha, des pas sourds, un froissement de soutanes, un bruit de papiers, deux gardes l'épée nue, le pape est là, à dix pieds, rapide comme une apparition. Silence. Je ne l'ai même pas vu entrer. Grand, mince, la peau comme un parchemin, deux sillons au cou, la main fine et longue, le verre de lunettes épais, souliers blancs, soutane blanche, calotte blanche, le front haut, un roi. Il est là et cause avec la première du groupe qui est une religieuse toute gênée et inclinée devant le roi. Il parle, il questionne, il écoute, il sourit, il attend, puis il donne la main, une médaille, et va au suivant. Il recommence, il parle, il est patient, il est doux, il écoute, il sourit, il presse la main, il semble heureux, il penche la tête, va au suivant. Nous vivons des minutes inoubliables. Je me dis que quand même, les Canadiens ont de la tenue et que quand ils veulent, ils savent se conduire comme des gens de grande noblesse.

«Est-ce que je peux vous voère personnellement?»

Qu'ai-je entendu? Je rêve, je vais défaillir, ma femme se sent mal, je la sens qui s'appuie sur moi... C'est le lièvre «religiomane» qui a touché le bord du poignet papal et repose sa question une deuxième fois.

Le pape, qui a l'habitude, est passé au suivant en s'écartant calmement. Tous, nous sommes maintenant bouleversés de gêne et humiliés. Le pape le sent et n'en est que plus paternel:

— Vous êtes Canadien?

Il est rendu à moi.

— Oui, Saint-Père, je vous présente ma femme.

— Madame.

Il serre la main de ma femme, comme un père à sa fille.

— Que faites-vous dans la vie?

Et voilà que je bafouille, que ma voix est basse, que je ne sais quoi dire, comment le dire, je pense à ma mère, je dis:

— Je fais des histoires, parfois je les écris, parfois je les chante, je suis à Paris depuis plus d'un an.

— Vous êtes artiste? J'aime beaucoup les artistes. Mais

que ceci ne vous fasse pas oublier la famille et les êtres qui vous sont chers...

Il est passé au couple suivant (sans chantonner *le P'tit Bonheur* comme des malins l'on dit.) Le voilà qui parle en anglais.

Évidemment, je m'attendais à ce qu'il me dise à peu près ce qu'il m'a dit, mais où je trouve qu'il est un roi et un grand roi, c'est qu'il a pris trente secondes pour me le dire, alors qu'on sait si bien tous, que, de l'autre côté du mur, sur un petit secrétaire de marbre, il y a là: télégrammes de malheur pour la chrétienté en pays ennemis de l'Église, téléphones de sang, journées de colère, messages impies, articles de vie et de mort...

Je regardai mon voisin organiste, il pleurait comme moi sans se cacher. Soudain, plus rien, il est parti comme il est venu. C'était fini. Plus d'envie de rire, mais un gand désir de s'agenouiller et de ne pas bouger pour au moins une heure. Ce que nos fîmes dans une chapelle en bas.

Un roi.

Une seconde avant son départ, le photographe du palais a pris la photo, avec le «religiomane» au centre et le Saint-Père à sa droite et nous derrière.

Nous voilà tous dehors, muets d'admiration et de joie intérieure. Soudain, je fonce sur le «religiomane» et je lui dis:

«Qu'est-ce donc que tu lui voulais, toi, pour le voir personnellement comme un patron d'usine?»

Il nous fit cette réponse:

«J'ai charge d'âmes autant que lui».

On a compris. On lui laisse la paix, et on présume que le Saint-Père doit en entendre de toutes les couleurs. Comme cette grande dame d'Europe, nous a-t-on raconté, qui aux questions du Saint-Père répondait le plus sérieusement du monde: «Oui, Votre Saint Siège. Non, Votre Saint Siège...»

Enfin, on l'a vu. Sur-le-champ, je défis ma chaînette que je portais au cou et je rajoutai la médaille du pape près de celle de saint Christophe, que m'avait remise mon frère-lièvre du Canada avant de prendre l'avion.

Et silencieux toujours, on s'en fut tous ensemble, le «religiomane» en tête, prendre le dîner chez le célèbre Alfredo, maître cuisinier à moustaches de chat.

Derrière le menu, je transcrivis quelques notes que je déchirai aussitôt, n'ayant pas faim, ne voulant pas qu'on me parle, distrait et perdu dans la vision du roi que je raconterais à mon père, à mes frères-lièvres, à mon fiston quand il sera un homme, lièvre tenté de croire que la Douceur est morte.

À regret, nous avons quitté Rome le lendemain et revu Paris, qui pétillait, comme une immense coupe de champagne, malgré le froid et la brume de la joie de Noël.

Les parisiens par milliers, dehors sous la pluie, dans les rues, à la fête, aux bouches de métro, dans les cabarets, les gares, les *dancing*, les églises, les théâtres, sont comme autant de gouttelettes de joie coulant dans la nuit. Partout des couples enlacés qui restent sur place et ceux qui vont un par un héler des taxis. À la foire du boulevard Clichy, les carabines et les trombones pètent, les vieux beaux à collet de fourrure attendent la petite au rendez-vous; quelques étrangers, la bouteille à la main, s'en vont titubant en chantant des airs gutturaux de leur pays; nègres, trafiquants, vendeurs de pornographie; blondes, teintes, laides et vieilles; commerçants louches, chrétiens se rendant à la messe, crieurs à la porte des tentes qui annoncent la parade des nues, ils sont tous dehors, adolescents à leur première faute, «approchez, messieurs-dames», on distribue des pages de l'Évangile et un peu plus loin des photos de starlettes. Cloches d'église et trompettes de jazz, à qui des deux criera le plus fort... Le sauveur est né. Paris est noir malgré ses millions de lumières, son Arc de Triomphe illuminé. Au fond des petites rues, on entend des plaintes. Des vieux qui vont se réchauffer aux stations de métro parlent tout seuls.

Un messie nous est né, et passez la monnaie... On a franchement hâte que la fête soit finie. En attendant on se tapit chez soi pour penser au Noël du Canada qui est infiniment plus naïf, mais plus blanc.

Puis, un matin, la foire est partie, l'étranger est retourné chez lui, on a fermé la caisse et remisé le p'tit Jésus dans sa boîte, on a balayé dans les gares et dans les salles, on a fait disparaître les banderoles et les fausses étoiles, on revoit les mêmes gens aux mêmes places, le calme est revenu, le vitrier pousse sa charrette, les maçons retournent à l'échafaudage, les enfants à l'école. Et Paris lui-même semble pousser un grand soupir, comme s'il l'avait échappé belle.

Chapitre VIII

De la tournure des événements au sujet de mon spectacle Le P'tit Bonheur *et des derniers voyages avant le grand.*

Une assez triste nouvelle m'attendait en rentrant à Paris. Le théâtre que nous devions avoir pour le mois de mars gardait à l'affiche la pièce en cours qui, contrairement aux prévisions, connaissait un beau succès, devant vraisemblablement durer jusqu'en juillet, date à laquelle nous avions décidé de rentrer au Canada.

Quoi de plus simple que de se porter ailleurs, puisque à Paris, il y a des salles par douzaines qui n'attendent que la pièce nouvelle, à résonnance nouvelle? Ce n'était pas la saison. Partout des pièces injouées qui attendaient leur tour dans les tiroirs. Comme au Canada, ce fut l'arrêt, la brisure, l'enterrement.

Au lieu de marquer un mauvais point pour Paris, j'en marquai un bon pour le Canada. Au fond, c'était la répétition de ce qui m'était arrivé dans mon pays. Maintenant, je faisais partie des hommes de théâtre qui longtemps doivent connaître les échecs et la surdité avant de se faire entendre. Si vous vivez assez vieux pour connaître la suite de ce chapitre, à savoir si je serai joué ou non, vous pourrez juger de la valeur de mes écritures; en attendant, pensez avec moi que ma chanson a attendu son tour dix-huit ans avant de connaître son premier lever de rideau.

— Et toi, Henri?

— Moi? Ça fait douze ans que j'en monte des spectacles et on commence à être connu.

— Et vous, patron?

— Moi, ça fait vingt ans que je fais galoper des noms à travers le monde. Les ennuis recommencent chaque matin. Ça me plaît.

— Au fond, quoi?

— Au fond, nous sommes faits pour ce que nous faisons, puisque ça dure encore.

Et d'éclater de rire trois lièvres intelligents que nous étions, attablés au bistro, place des Ternes. Puisque ça dure encore et c'est pas près de finir!

— Santé!

— Santé!

Ce fut donc partie remise. Avec un peu de chagrin, on ferma les pages du *P'tit Bonheur*, quitte à les rouvrir à un autre moment.

— Alors, me dit le patron, tu restes pour le tour de chant? Ou si tu rentres?

— Je rentre.

Le tour de chant m'étais devenu facile. Il me faisait mal de penser à le recommencer. J'avais la prétention de croire que je pouvais faire autre chose que de chanter. D'ailleurs, la création m'a toujours attiré plus quc l'exécution. J'avais la conviction secrète de revenir à Paris.

Les poudreries, la solitude, les soirs d'hiver, le temps qui coulait dans mon grenier, il me fallait rentrer, j'avais la mal du pays. Il fallait que je dise à mes compatriotes que l'Europe voulait nous connaître et que pour cela il fallait œuvrer chez nous. Pièces, chants, mimes, ballets, symphonies, livres, films, leur présenter tout ça et leur dire: Voilà, on existe, nous sommes là, adultes enfin, libérés des mères patries, des tutelles, des parrainages, des protecteurs, des idoles, des maîtres dont trop longtemps nous avons été les petits valets et les petites copies. Nous sommes autre chose que des imitateurs, nous nous exprimons, comme les gens de l'Amérique Latine dans leurs célèbres ballets qui gardèrent l'affiche deux ans à Paris, comme les Yougoslaves que j'ai vus au palais de Chaillot, comme les Italiens avec leur *Piccolo Teatro*, comme les Noirs des U.S.A. avec leur Dunham, leur *Porgy and Bess,* né de la misère. Gonflé à bloc, j'attendais impatiemment de rentrer, me refusant de croire les Canadiens de passage qui me disaient que les talents de chez nous filaient sur les routes à quatre-vingt à l'heure dans de splendides limousines américaines, que les jeunes talents attendaient des contrats aux portes des studios, ou derrière un verre d'absinthe au lieu de travailler et de se faire préparé dans le silence et la pauvreté, que le malin plaisir d'étouffer les créations régnait toujours, et que la «piastre» était encore la grande favorite.

On fit nos réservations à bord d'un bateau, et nous passâmes les derniers mois à flâner dans Paris; je m'absentais une fois la semaine pour un gala en dehors de la France, soit en Suisse, soit en Belgique, un en Afrique, le dernier à Casa. Survolant toute l'Espagne pour aller au Maroc, je regardais bien les champs et les gens et les montagnes et les places et les choses, au cas où jamais je ne reverrais cela. J'avais quelques souvenirs, comme les troubadours qui ont marché longtemps sur les routes.

— Tu l'aimes, ton pays, me disait le sieur Demay?

— Comme toi la France.

— Explique-moi un peu les poudreries dont tu rêves si souvent.

En retour, lui me parlait de son Périgueux, pays de chaleur et de grillons, de volailles et de jardins, de fruits et de petites rivières cachées sous les fleurs. Au fond, le plus beau pays du monde, c'est le pays natal. Dedans, il y a notre frère l'homme péniblement en marche sur la route, au bout de la route il y a Dieu... On aurait voulu faire un bout de chemin ensemble, Henri et moi, voilà qu'il me fallait le laisser, étant homme du nord qui aime changer sa place, quand même tout va bien, surtout quand tout va bien.

— Tu es un bohémien.

— Oui.

— Et tu as de la peine.

— Oui.

Et de reparler du *P'tit Bonheur* et de se le jouer pour nous seuls.

Nageant dans une si triste situation, le goût de rire un peu me vint, car on a beau être ridé sur le sens du rire, j'avais le cœur dans l'eau.

L'occasion me fut donné de rasséréner mon joli front de lièvre à un voyage que je fis en Suisse et que je vais vous raconter, engagé que j'étais pour donner un tour de chant dans un château des montagnes, le plus cosmopolite et le plus riche jamais vu dans mes tournées.

D'abord, le rire me prit dans le train. J'essayais sur un parcours de plusieurs centaines de kilomètres de deviner ce que mangeait le p'tit vieux français assis en face de moi. L'heure du repas étant venue, il descend du filet une petite valise noire, l'ouvre à demi, y fourre sa main, en sort une serviette qu'il s'attache autour du cou, puis il ouvre le couvercle, s'engouffre la tête dessous, la retire à toute vitesse et refermer aussitôt sa petite valise. Très calme, il mâche, bouche fermée, me regardant malicieusement en voulant dire: «Toi, tu ne sauras pas ce que je mange». À chaque bouchée, il recommence la manège d'entrebâiller le couvercle de sa valise, de s'y plonger la tête, de la retirer et de fermer promptement le couvercle. Alors, il me regarde et mâche tranquillement. Au début, je fis semblant de ne pas le voir, gardant distraitement les yeux sur le paysage, mais riant comme un fou, intérieurement. À la dérobée, me plissant les yeux, je le regardai et je me dis: «Tiens, il me semblait qu'il était chauve, voilà qu'il a des cheveux». J'avais sûrement mal observé. Je n'y pense plus. Il replonge la tête pour reprendre une autre bouchée et reparaît chauve. Ça y est, c'est un farceur. Il ne bronche pas, il mâche tranquillement; sans un mot, il dénoue sa serviette et replace sa petite valise dans le filet. Je mets une main dans ma poche pour prendre une cigarette, voulant éviter d'engager la conversation. Rapidement, il étend la main dans le vide et je vois entre ses deux doigts apparaître une cigarette allumée. C'est un lièvre-magicien. Je lui demande qui il est, il se met à pleurer: les larmes lui coulent sur les joues parce que j'ai refusé de prendre sa cigarette. Je me demande à qui j'ai affaires. Sur ces trains qui sillonnent l'Europe, il y a tous les numéros possibles. Mon p'tit vieux tend la main dans le vide et y tombe un mouchoir à carreaux rouges avec lequel il essuie ses larmes. Le jeu a assez duré: il se présente, c'est le clown F... qui s'excuse d'avoir voulu m'amuser parce qu'il me connaissait. Nous causons et nous rions comme des fous. Il me fait des tours de cartes et de mouchoirs invraisemblables. Il me parle de la vie des clowns et ses yeux s'éloignent très loin de moi. Il ne parle que de la piste, du bon vieux temps de sa gloire, des enfants qu'il a fait rire, de la mort d'un de ses copains qui avait manqué le filet, de la tristesse de vieillir, et de l'humiliation pour un clown d'aller travailler dans les foires agricoles quand il a connu le délire des foules à Médrano. Il me fait couper les cartes et à tout coup je sors l'as. Il me dit:

— Tu es jeune.

Je lui dis:

— J'ai des cheveux blancs.

— Moi, je n'en ai plus.

Et il sort de sa poche la petite perruque qu'il replace sur son crâne.

Vraiment c'est un enfant sans malice ni intrigue qui est en face de moi, un amuseur avec ses valises truquées dans lesquelles sûrement il y a les nez de carton, les pantalons carreautés* et les souliers géants.

— Vous recommenceriez? je lui demande.

— Oui, il fait, en haussant les épaules.

Il a deux doigts de la main gauche coupés, accident survenu dans un truc où il devait tenir du feu.

---

* *Carreauté*: à carreaux.

À une petite gare minable, il descend avec trois valises, après m'avoir souhaité tout le succès du paradis. Personne ne l'attend. Je le vois tout petit, tout courbé s'engager à pied sur la route de sable, ayant refusé de prendre le taxi. Il pleut. Le train repart sous la pluie. Je le revois de dos, de très loin, il a déposé ses valises par terre, pour caler son chapeau sur sa tête et boutonner son paletot. C'est très drôle de l'observer se battant contre la pluie. Heureusement que le train m'emporte parce qu'un moment de plus et je n'aurais plus envie de rire.

Bien des heures après, quand à mon tour je suis descendu du téléphérique, terminus de mon voyage, un lièvre-chauffeur galonné est venu à ma rencontre me faisant le salut militaire comme si j'avais été un général. L'immense Cadillac ouverte qui est là, c'est pour moi. Il place mes bagages près de lui et me fait asseoir à l'arrière. Et on monte la montagne par un splendide chemin en lacets bordé d'arbres magnifiques. Et je pense à cette réflexion d'un copain qui me disait: «Dans ce métier, c'est chacun son tour; c'est comme à la guerre, tu chantes sur des cadavres. Quand à ton tour tu seras par terre, la fête continuera.» Le clown avait eu son tour. Ce soir, c'était le mien.

Comme vous, sans doute, j'avais entendu parler d'or, de nappes d'or, de plats d'or, de bijoux d'or, mais je n'en avais jamais vu que de faux.

C'est invité à la table d'une princesse chassée de son pays par les révolutionnaires que je pris place dans le château sur les montagnes. Le service était fait par des lièvres japonais, vêtus de blanc. Nous étions six à table, laquelle était grande comme la moitié d'un jeu de tennis. Les «touchages» de coudes et les «pilages» sur les pieds étaient automatiquement écartés. Que vous le vouliez ou non, d'y prendre repas vous met la voix en forme car pour répondre aux questions vous devez mettre du son. Donc, sur cette table de rêve, il y avait une nappe blanche ordinaire, mais cousue d'un fil d'or, gros comme une ficelle à paquet. Tel que je vous le dis. Je me suis dit en moi-même: «Avant que je me lève de cette table, il faut que je mette mes dents sur le fil d'or, pour dire que dans ma vie, une fois, j'ai mordu l'or». Et je le fis entre le bouillon glacé et les hors-d'œuvre. J'ai mordu le fil et c'était pas du faux.

Voilà que la princesse me crie de son côté gauche, la main en porte-voix: «Ah! cher ami, ce n'est plus comme autrefois. C'est la guerre et le malheur. Comme j'aurais voulu vous mieux recevoir dans mon domaine de 640 hectares! Nous aurions dîné dehors près de la fontaine illuminée. Mais les temps sont bien changés.»

Je lui fis signe que je comprenais sa détresse et que, sincèrement, ce frugal repas d'une vingtaine de mets différents me suffisait amplement, surtout avant un tour de chant. Elle me demanda à quelle heure je chantais

— Minuit.

— J'y serai, me cria-t-elle.

En hurlant de mon côté, je la priai de m'excuser afin de prendre un peu de repos avant mon tour de chant.

Elle claqua dans ses mains et pria le maître d'hôtel de prier le chauffeur de me reconduire à mon hôtel. La Cadillac m'attendait à la porte. Je parlai au lièvre-chauffeur, mais il était Allemand. Il ne semblait pas aimer ma tête et la sienne ne me revenait pas.

À minuit, on frappa à la porte de ma chambre. J'étais maquillé, costumé, prêt. Deux lièvres-serviteurs, en livrée, parurent et me prièrent de les suivre. Le premier s'empara malgré moi de ma guitare, la tenant devant lui comme un encensoir. Le deuxième fermait la marche. Impeccablement, tous les trois, dans un grand silence, nous prîmes l'ascenceur et, à coups de courbettes, de sourires, de politesses, nous arrivâmes jusque derrière la petite scène où je devais m'exécuter.

L'orchestre préluda mon entrée à coups de trompettes aiguës, comme dans les *corridas* avant l'arrivée du *toro*. Je m'avançai, mis le pied sur la chaise et... à la grâce de Dieu.

La première chanson terminée... rien. Pas un applaudissement. Ni un déplacement de pied ni un souffle, rien. Après la deuxième, la même chose. Après la troisième, deux ou trois coups d'ongle sur la table. Après la quatrième, une espèce de son, comme quand deux coussins se touchent. Après le cinquième, je me suis dit «Ils sont partis. Il n'y a plus personne.» La lumière dans les yeux rendait la vérification difficile. «J'en lâche une sixième et je pars, je les ai assez embêtés.» Me voilà dans la coulisse, méditant sur la vanité de la gloire, attendant mes deux serviteurs-policiers pour reprendre le chemin de ma chambre, quand soudain le directeur artistique de l'endroit fonce vers moi, tout échauffé, tout excité, tout rayonnant, tout gambadant, et me dit: «C'est un triomphe! Mais qu'est-ce que vous leur faites, ça ne s'est jamais vu ici, c'est du délire...»

Il me pousse en scène, où je chante encore une bonne demi-douzaine de chansons. Et ces chers lièvres-millionnaires d'applaudir à leur façon, à tout rompre, c'est-à-dire avec les paupières. Ils applaudissent avec leurs paupières en les battant violemment l'une contre l'autre. Voilà manifestation nouvelle pour moi, frais débarqué de Belleville, qui expliquait la raison du silence entre chaque chanson.

Alors, mon travail est fini. Et je suis invité à une table où m'attendait deux couples de Canadiens milliardaires, enthousiasmés. Ça me fait tout drôle de voir des compatriotes dans ce lieu. Sans doute, pour être gentils, pensant me faire plaisir, ils me parlent avec l'accent du faubourg. J'avais souvent constaté ce fait, à Paris, dans les ambassades ou ailleurs, que des gens bien, croyant me faire plaisir, parlaient «canayen», mais le canayen détestable parfumé de jurons et d'anglicismes. Imaginez des lièvres-milliardaires, il est une heure du matin, on boit le champagne, toilettes impeccables, la haute gomme de l'Europe plongée chacune dans sa rêverie et des Canadiens, jamais vu auparavant, qui me disent en me tutoyant gros comme le bras: «Bacatinsse, toé tu nous fa plèsir. As-tu jamais vu une gang de maudits mal faites comme icitte? T'as du chien de t'exécutionner devant eux autres. Fourre-leu donc une autre demi-heure dans face, les constipés. Qu'ils viennent apra, nous dire qu'on est des savages, y a toé qui fesse dans l'tas. Bacatinsse, que t'es smart*!»

Et moi, tout souriant, je constate que ces paroles sortent de ces bouches, dont deux féminines. Je remercie et je disparais, entendant derrière mon dos les lièvres «canayen» un peu gris, qui me crient: «Chien, t'as du chien, y a-t'y du chien pareil le torrieu**».

C'est avec joie que je touchai la poignée de la porte de ma chambre, car je sentais vraiment un chien.

Le lendemain matin, dans le car qui faisait la descente jusqu'au téléphérique, j'avais à mes côtés une dame-lièvre de l'Armée du Salut, toute pieuse de visage et de maintien, qui brûlait de me parler. Elle le fit.

— Pardon, monsieur, c'est vous sur les affiches?

— Oui, madame.

— Ne vous ai-je pas vu à la Kermesse aux Étoiles, à Paris?

— Oui, madame.

Alors elle me lâcha ceci avec une sorte de tendresse dédaigneuse:

— Vous êtes un p'tit rigolo.

Et il y avait du péché dans le mot rigolo. Elle prenait pitié de moi, qui, sans doute, faisais le pitre pour gagner ma vie. Ah! vite la frontière et la France! La voilà. C'est bien ça: deux religieuses à bicyclette, sac au dos, là-bas, le paysan à béret, et ici, trois enfants-lièvres, bras dessus, bras dessous qui vont à l'école en chantant comme sur les images. Le cauchemar est fini, je suis sauvé.

---

* Nom d'une pipe, toi tu nous fais plaisir. N'as-tu jamais vu une bande gens mal f... comme ceux qu'il y a ici? Tu as du chien de t'exécuter devant eux. Donne-leur en donc une autre demi-heure. Qu'ils viennent après nous dire qu'on est des sauvages, il y a toi qui fonce dans l'tas. Nom d'une pipe, toi tu es malin!

** Chien, tu as du chien, est-ce qu'il n'a pas du chien quand même, le rusé!

* * *

Le lendemain, je dis à ma femme qui n'arrêtait pas de faire des courses dans Paris en achetant des souvenirs: «Faut quand même pas partir sans visiter le Père-Lachaise!»

Quelques heures plus tard, avec deux Français de mes amis, nous voilà donc au Père-Lachaise, visitant ce célèbre cimetière où dorment les grands noms qui ont fait la France, dont les lièvres Molière et La Fontaine. Ils ne sont pas éloignés l'un de l'autre. Je suis resté longtemps près d'eux, imaginant le dialogue qui se poursuit par-dessous la terre chez les morts. N'y tenant plus, je dis aux deux Français: «Surveillez les gardiens, je veux commettre un vol, un petit vol bénin, un sacrilège peut-être. Mais je ne repars pas d'ici sans emporter un souvenir qui me sera combien précieux.»

Je vous fais une confession, que me pardonne la ville de Paris, la lettre E qui manque au nom Jean de La Fontaine, le E de la fin, c'est moi qui l'ai. Je l'ai arrachée. Elle était presque tombée, une vieille vis de trois siècles la retenait à peine, elle tombait, la pauvre lettre, alors je l'ai respectueusement arrachée et l'ai foutue dans ma poche. Ne vous demandez plus où elle est, c'est moi qui l'ai bel et bien volée, j'en demande pardon. Elle est ici sur mon mur dans mon grenier du Canada, au bord du lac des Deux-Montagnes et j'en prends grand-soin.

Je me souviens avec quel amour je la regardai, cette lettre, quand, au restaurant, à la porte du champ de repos, restaurant qui porte le nom: *On est mieux ici qu'en face*, je la montrai à ma femme et à mes amis.

Cette confession étant faite, maintenant je me sens soulagé.

Les jours passaient rapidement. On n'en finissait pas de regarder Paris et de le découvrir.

Le fiston fit sa première communion privée avec ses petits camarades français du cours Chantal. Et le soir, nous lui avions organisé une réjouissance à bord du bateau. Le beau-frère-lièvre lui avait improvisé une canne à pêche et le petit s'amusait à prendre de la friture. Et nous les adultes, sous le petit hublot, de regarder Paris et de dire: «Maintenant qu'on le connaît, on y reviendra».

Je me saoulai de spectacles. J'y allai trois fois la semaine, et j'en vis de magnifiques. Comme à New-York on voit de belles autos, à Paris on voit de beaux spectacles. Je fis vœu à Notre-Dame que si je rentrais sain et sauf au pays avec ma famille, j'écrirais ce livre que vous lisez en guise de remerciement. Je vous parlerais de cette matinée splendide dans laquelle j'ai vu passer une communiante, comme un morceau de nuage blanc au coin de la rue; je vous dirais aussi qu'un soir, dans le métro, nous vîmes, ma femme et moi, un pauvre malheureux de lièvre se lancer sous le train juste sous nos roues en poussant un cri violent. Le train s'arrêta, on enleva le courant, et on retira le corps coupé en deux. Il était jeune de visage, le suicidé. Il y eut bousculade pour le voir, surtout de la part des femmes. Puis l'ayant vu, chacun se retirait à la hâte et s'éloignait pour l'oublier. Je vous ferais part aussi des impressions de deux de mes amis français, arrivés d'une tournée au Canada. Le premier dit: «L'inspiration ne fait pas bon ménage avec l'opulence. Ton pays est celui de l'homme d'affaires, du spéculateur, du marchand, tous riches et installés jusqu'aux oreilles dans une bourgeoisie immobile. Je vous donne dix ans et vous serez tous américanisés dans le Québec. J'entrevois insurmontable la difficulté d'expression pour vous. Ni française ni anglaise n'est votre langue. J'aime le Canada pour son confort, sa richesse, son côté matériel, mais ce qui m'a déplu suprêmement, c'est votre dédain pour les produits étrangers, l'illusion que vous avez de pouvoir vous passer du reste du monde, au point de vue de l'esprit. Tu es fou de rentrer, quand ici en France, tu as tout à ta disposition.»

Le deuxième, lui, avait fait un voyage sentimental. Le Canada l'avait pris aux tripes. Il avait senti la vapeur sous le couvercle, la faim et la soif de créer qu'ont les jeunes, l'inquiétude et le grand désir de se dépasser. Il sentait que nous étions à la veille de parler sur le plan international. Le côté primitif, balbutiant, maladroit et sain du pays l'avait ému. Il se moquait de la forme, disant qu'il n'y avait que nous dans nos mots et réflexes pour transposer sur un plan poétique la grande douleur canadienne si longtemps refoulée, muette et cachée. Il savait que bientôt tout cela exploserait à la face des autres nations. Le miracle français, cette présence en terre lointaine d'un nouveau peuple de souche française, le tiers de la population canadienne, l'avait bouleversé.

Un Canadien présent dit: «Je ne vous comprends pas. Je trouve idiot de prendre sur soi les destinées d'un pays. Je prône le *struggle for life*, l'égoïsme, la charité qui est de penser à sa petite personne d'abord, puisque vous ne changerez pas d'un iota la chose écrite. Vieillissez sur vous, en pensant à vous; au diable le voisin, surtout s'il est artiste. Pourquoi couver l'artiste, le plaindre et en faire un martyr? S'il a du talent, qu'il le sorte tout seul, il n'a besoin de personne; mais s'il veut être appuyé, c'est parce qu'il n'a comme talent que celui de se faire prendre en pitié. Ne mérite pas d'aide celui qui gémit. Et l'autre, le talentueux, pour produire a besoin de notre mépris. Si la création est une puissance, comme toutes les puissances elle doit avoir des ennemis, des haines et des sarcasmes. Moi, je dis que l'homme intelligent ne doit pas travailler pour la postérité, mais pour l'immédiat: devenir riche, posséder beaucoup, faire des concessions, jouer l'hypocrite, sauver la surface, on vous respectera, on vous considérera, ce qui ne vous empêchera pas, dans le fond de votre cœur, de faire une énorme grimace à la méprisable humanité.»

Moi, j'écoutais tout cela, me disant que je serai fidèle à mon serment d'enfant. Je savais la souffrance, la déception, la désillusion qui m'attendaient, mais j'y rentrais avec un grand goût de rire et de travailler.

Chapitre IX

Comment nous sommes revenus de France sur un grand bateau et de l'accueil que réservent les compatriotes à ceux qui sont allés promener le nom canadien à travers l'Europe.

Ce serait tourner le fer dans la plaie que de rappeler les derniers moments passés à Paris avant le départ, les longues heures silencieuses au bord de la Seine avec des amis, la dégustation des derniers spectacles vus, la fièvre de tout revoir. Les adieux étaient déjà commencés avec les camarades partis en tournée pour deux mois.

On fit faire cinq grandes caisses de bois chez des religieux canadiens et on commença à emballer souvenirs et effets, petites et grandes poupées, sabots bretons, châles d'Espagne, cuirs du Maroc, livres de France, poterie d'Alger, babouches, mules, espadrilles, guitares, train électrique, coucou de Suisse, collection de petits soldats français, disques, etc.

Quatre jours avant le départ, le camion de la Compagnie Maritime est venu prendre mes caisses. J'ai aidé les camionneurs à descencre les six étages à pied (l'ascenceur étant trop petit), les aidant surtout au point de vue moral en leur versant entre chaque caisse le verre de blanc qui aide au courage et renfonce les jurons dans la gorge. Presque toute la rue était devant ma porte: la concierge et les enfants du deuxième, l'épicier du coin, le commis du bistro, la fille du pâtissier, le vieux d'en face et dans toutes les fenêtres des têtes, des silhouettes derrière les rideaux comme dans un village au départ du fils du notaire pour des vacances en Amérique. On venait lire le mot Canada sur les caisses et les camionneurs expliquaient que c'étaient les Canadiens qui rentraient chez eux. Puis le camion disparut au coin de la rue. On devait revoir nos caisses à Québec.

Le vide dans la maison, le papier d'emballage à la traîne, les meubles déplacés, l'éclairage détruit, le charme envolé. Tout d'un coup, nous avons réalisé que nous étions des touristes de passage. Nous évitions de rester dans la maison les derniers jours. Le rendez-vous était au bateau du beau-frère où nous arrivions, bras chargés de paquets, la bouteille de rouge au centre, et le fiston portant les baguettes de pain français. Ce fut le dernier jour. Le beau-frère avait pris sa décision: «On te suit dans quinze jours sur un bateau suédois». (Lui ayant fortement déconseillé de traverser la mer sur son chaland de vingt pieds de long.)

Je nous revois à la gare Saint-Lazare, à sept heures du soir pour le train du Havre où nous devions arriver vers les onze heures. Le patron y était, des amis du bureau, des comédiens, des chanteurs, des frères d'armes, le sieur Demay, des musiciens.

«En voiture!»

Le patron me remit un stylo, sa femme offrit des fleurs à ma femme, le petit avait les poches bourrées de friandises.

«En voiture!»

S'ils ne s'étaient pas retenus, ils seraient tous montés avec nous pour voir un peu ce pays de la Terre-Promise: le Canada. Le train s'ébranle; debout dans les marches, nous avons l'air de héros.

Nous voilà seuls dans le compartiment. J'ai à l'oreille la dernière phrase de mon patron: «Jamais ni oui ni non, plus souvent non que oui. Bonnes vacances, revenez vite.»

On étais partis. Dernier repas français à bord du train. Nos voisins de table parlent anglais. C'est le train des internationaux.

À minuit, nous étions sur le bateau qui doucement poussait sur le Havre pour s'éloigner de terre. Il faisait beau sur la dernière image du pays de France. Une nuit douce. Une heure durant, on a vu les lumières sur la côte, puis plus rien que la mer, et le bateau qui scie la vague et la vague qui se fait scier, et tous les trois dehors hésitant à rentrer.

Pris dans mon journal de lièvre, à bord du bateau: «On peut difficilement être plus heureux que je le suis depuis hier soir. Pas tant pour la joie de revoir mon pays, pour la joie de me sentir sans licou ni attelage, un cheval qu'on renvoie au pacage, nu, et le maître garde la bride à la main et le cheval secoue la crinière et s'enfonce vers la liberté à l'autre bout du champ. Être libéré d'un coup de tant de responsabilités me rend léger comme l'oiseau dans le vent de juillet.

«Je pense à ceux que j'ai laissés derrière: toujours la rue, la coulisse, la chambre, jamais la brisure de la chaîne. Devant nous la route immense...

«Bateau anglais, atmosphère anglaise, c'est-à-dire silence, chacun son affaire. S'ils nagent dans le bonheur quand tout est anglais, ici ils sont servis. J'aime beaucoup les Anglais. Ils se foutent de ce que pensent les gens. Ils sont longs, mal coiffés, vêtus de mauvaises couleurs, bras dessus, bras dessous, il faut les voir faire la promenade au pas de course après chaque repas, les vieux surtout, ridicules solennellement, mais que leur importe? Cette vieille riche avec son bonnet de 1800 et sa fourrure usée, la grosse courte qui donne la main à un sac immense comme à un enfant... et puis, ils sont en vacances.

«L'inspiration me vient à flots pressés, parce que j'ai permis aux digues de s'ouvrir. Avant, je les tenais fermées, je voulais même les oublier, j'ai essayé, mais je n'en pouvais plus. Je sens un affreux besoin de rire, rire sérieusement.

«Depuis que se sont estompés les côtes de France, se sont fixés aussi, dans une pose de légende, les gens, les rues, les endroits. Voilà qu'avec le recul, Paris grandit et se poétise.

«Si tu ne goûtes pas la pipée que tu fumes, le repas que

tu prends, la conversation que tu engages, l'ami que tu écoutes, que fais-tu là? Va-t-en ailleurs, tourne le dos et pars, va voir ailleurs. Et si tu ne peux partir, tresse une corde pour te pendre ou pour t'attacher à Dieu.

«Troisième jour. Je suis malade comme un chien, moi qui avait expliqué à ma femme comment faire pour se guérir du mal de mer.

«Un village entier sur l'eau. Il y a le salon de coiffure, la pharmacie, la banque, la chapelle, la salle de cinéma, le restaurant, la librairie, la radio, la promenade, le jardin, l'ascenseur et les appartements avec eau chaude. Et cette tenacité du bateau qui fonce depuis cinq jours dans les vagues, vers l'ouest. Elle se pâme (la mer), s'agrippe, se rabaisse, se soulève, se tord, se colle, s'écrase, se donne et se reprend en hurlant, en criant comme une femme.

«Écarté le danger des rencontres avec les glaciers; après deux jours de brume, le soleil paraît. Comme Cartier, nous avons vu les côtes du Canada et poussé un grand soupir de joie et de respect. L'entrée par le fleuve qui se resserre, l'apparition des villages, l'immensité, la vie. Il fera jour dans une heure. Dans trois nous serons au quai de l'Anse-au-Foulon. Avec un vieil ami officier de douane montée à bord à Pointe-au-Père, cette nuit, on parle du Canada. Les marins, qui ont mis le beau costume, empilent les valises d'un côté du bateau. Le jour est debout, le Cap Tourmente aussi, Québec sur le Cap après, l'Île d'Orléans, de jeune pays si fier et si mystérieux, quand il est le vôtre en plus, alors vous pleurez... Québec s'approche. Je reconnais de très loin la terrasse, où quinze ans auparavant, tout jeune lièvre imbécile et craintif, je venais voir la mer et le chemin d'Europe et l'arrivée des transatlantiques. Je me dis: peut-être en ce moment y a-t-il un jeune homme comme je l'étais, là-haut sur la terrasse, vêtu du pantalon de son frère, qui fume sa rouleuse et est rendu bien loin dans la permission de rêver. On distingue des gens, des arbres, des automobiles. Dans une demi-heure on est accosté. Quelle est cette foule et ce tapage et ces équipements de radio et ces reporters et cet énervement? Il doit y avoir un ministre ou un général à bord. On frôle les entrepôts. On touche presque le quai. Un gros ouvrier, les jambes pendantes me crie, à pleine force: «Allo! Félix». Je suis bienvenu dans mon pays. Quatre heures plus tard, dédouané, épuisé, saoul de bonheur, ayant donné interviews, impressions, déclarations et toute la chanson aux journalistes et aux gens de la radio (car le général c'était moi), seul avec quelques amis, je me suis assis dans l'herbe, caché sur une île, regardant les arbres, les nuages, les oiseaux, le sable, les roches, le ciel, laissant le fiston pirouetter dans l'herbe, et le pays me presser sur son cœur. Maintenant il me faudra beaucoup de courage.»

* * *

Ma première visite fut pour mon père. Je l'ai trouvé vieilli, mais encore l'œil gouailleur et la repartie pleine de malice. Il avait mis le complet neuf et me fit parler de la France.

—Je te trouve bien maigre et bien fatigué. La gloire ne te va pas.

—Elle me rend triste.

—Tu retournes?

—Non, je reste.

—Bravo. On ira glaiser. Je te retiens pour l'hiver.

Et de jouer avec le fiston et de lui parler avec l'accent pointu comme un vieux titi.

—Et ici?

—Ici? On a perdu la course de chiens* cet hiver.

—Qui l'a gagnée?

—Les Américains.

—Comment est-ce possible?

—La ligne de démarrage se fait du traîneau et la ligne d'arrivée se fait au bout du nez du chien. Les Américains avaient un attelage de deux cent cinquante chiens.

---

* Course de traîneaux tirés par des chiens.

C'était bien lui. Je l'avais retrouvé et avec lui tout le pays paysan des lièvres, mes frères. Avec eux je suis encore en France, c'est pourquoi je vais souvent leur rendre visite.

Je suis allé marcher dans les champs où j'avais été «bœuf-man». Je suis allé voir les terres, les sillons couleur de café, le vent, le grand vent et l'éclairage qui changeait à chaque minute. Je me suis assis, dos au vent comme un animal, et j'ai regardé le jeu de lumière dans la montagne. Des pigeons comme des papiers blancs au loin. Je regardais la terre. J'étais de la terre.

Puis, ce furent cinq jours de réceptions, de liesse, d'interviews, de cocktails, de signatures de livres d'or, serrer les mains de hauts personnages inconnus, un déluge d'amis, une fièvre d'énervé. Un jour que je dois aller autographier des disques dans un grand magasin, je trouve les portes de devant bloquées. Quatre rues, noires de monde, pas un char* ne peut passer. Un commis me suggère la cave. Nous voilà sautés par le soupirail, des fils d'araignée plein la face. Impossible de m'échapper. Et je me prends à me haïr d'avoir fait des chansons, moi qui ne peux souffrir une foule de plus de trois personnes.

Alors, l'automne est venu avec son soleil rouge et la brume sur le lac, et de grandes feuilles tout en or tombant derrière ma fenêtre. Les oiseaux d'hiver avaient choisi leur maison dans mes arbres et mon coeur a palpité de la joie de reposséder. L'hiver a barré la route aux importuns, n'étant pas un lièvre à six pattes qu'on regarde au zoo entre les barreaux des cages.

Tu me demandes ce qui m'a frappé au retour? La santé, la jeunesse et la richesse du pays, la filée des voitures neuves, la multitude penchée entre les gratte-ciel à ramasser des piastres, l'absence de l'Esprit, l'influence trop française ou trop anglaise de l'élite pensante, la monotone chanson des quémandeux de sous et le grand contentement de soi-même

---

* *Char*: automobile.

qui règne à peu près partout. L'homme du siècle à larges fesses et à tête étroite est dans nos parages. Il a constamment à la bouche les mots «rackets, dollars, séries, productions, efficacité». Quand il sourit, on voit la tête de mort avec les dents, le crâne que le fossoyeur de Shakespeare a trouvé. Aucun embouteillage à craindre sur la route de Douleur; ceux qui y sont, c'est parce qu'ils sont en panne. Mais dans les coins les plus retirés, quelques jeunes hommes blindés par une foi à toute épreuve, par-ci par-là des femmes silencieuses qui aiment leur famille, leur misères et leur vie, des doux plus forts que les guerriers, qui bâtissent patiemment avec les pierres qu'on leur jette.

Alors, mets-toi bien ceci dans la tête: Tu veux créer? Tu veux bâtir? C'est fatiguant. On est ici pour se reposer. N'embête personne avec cela. Tu es seul, ce qui s'appelle seul, ne te fie qu'à toi. Tu es seul comme un chèvre seule sur l'île solitaire, seul comme le défenseur de l'honneur et de la vertu. Les gens n'ont plus le goût de te venir en aide, encore moins celui de te voir réussir. Ça n'existe pas (à part quand tu es petit) les maîtres qui tracent le chemin, te tiennent la main, se penchent sur toi, te suivent, te guident, t'encouragent et t'éclairent. Non.

Et si tu réussis, quand viendront à toi les puissants, le sourire fendu, tout en courbettes, en poignées de main, en offres, en offrandes, en louanges, en compliments, en diplômes, en médailles, en remerciements, en «je l'avais bien dit», tu te sentiras plus seul encore.

Tu rencontreras deux sortes d'êtres qui vont beaucoup t'aider: ceux qui sont créés et mis au monde sur ta toute exprès pour t'empêcher d'avancer et quelques inconnus qui t'écriront une lettre à laquelle tu ne répondras pas, mais qui ont fait comme le serment que tu réussisses pour se délivrer eux-mêmes de leur manque de confiance, de leur timidité.

Rester ou s'exiler? Non. Reste! Il y a à faire. Délaisse les lièvres à deux pattes si leur compagnie t'abrutit. Quand tu le pourras, va donc dans la forêt voir un peu ceux qui en ont quatre. Moi, j'y vais souvent. Je me demande parfois sérieusement si leur vie de craintes, de peurs, de doutes, n'est pas plus drôle que la mienne.

J'ai mesuré les jours et je les ai trouvés longs,
J'ai mesuré les nuits et c'était bien profond,
Puis j'ai sondé ma peine, n'ai pas touché le fond.

C'est injuste. Je me moque de l'homme et de sa tête de bête. C'est pas vrai. Quand un souffle le prend, il peut s'élever très haut. Je te le souhaite.

Anse-Vaudreuil,
Juin 1954

Chronologie

1914	À La Tuque, le 2 août, naissance de Félix Leclerc, de Léo Leclerc, commerçant de bois, l'été, et de grains, l'hiver, et «faiseux de villages», et de Fabiola Parrot, d'ascendance jurassienne. Il est le sixième enfant d'une famille qui en comptera onze.
1928-1931	Études primaires chez les Frères Maristes à La Tuque. Études secondaires au Juniorat du Sacré-Cœur à Ottawa.
1931-1932	Première et deuxième années collégiales à l'Université d'Ottawa (Belles-Lettres et Rhétorique).
1934-1937	Annonceur à la station radiophonique CHRC de Québec. Suit des cours de guitare de Vic Angelilo.
1937	Annonceur à la station radiophonique CHLN de Trois-Rivières. Écrit et réalise ses premiers sketches radiophoniques.
1939	Rencontre Guy Mauffette. Entre à l'emploi de Radio-Canada. Interprète sa première chanson sur les ondes. «Notre sentier». Participe à plusieurs émissions à titre de comédien, dont la série «Vie de famille» d'Henry Deyglun et dans «Un homme et son péché» de Claude-Henri Grignon, dans le rôle de Florent Chevron.

1941	Présente à la radio d'État la série «Je me souviens».
1942-1945	Membre de la Compagnie les Compagnons de Saint-Laurent.
1943	Publie *Adagio*, contes qu'il avait lus sur les ondes de Radio-Canada.
1944	Publie *Allegro* et *Andante*.
1945	Nouvelle série d'émissions à la radio: «l'Encan des rêves».
1946	Premier séjour dans l'Île d'Orléans (juin-octobre). Écrit *le Fou de l'Île*. Publie *Pieds nus dans l'aube*, en décembre.
1947	Création de *Maluron* par les Compagnons de Saint-Laurent.
1948	Fonde, avec Guy Mauffette et Yves Vien, une compagnie théâtrale, le V.L.M. Création du *P'tit Bonheur*, le 23 octobre.
1949	Publie *Dialogues d'hommes et de bêtes*, en mai.
1950	Se produit à l'ABC de Paris. Consacré vedette internationale.
1951-1953	Tournée en France, puis dans plusieurs pays d'Europe et du Proche-Orient. Grand prix du disque de l'Académie Charles-Cros (1951). Publie *Théâtre de village*.
1952	Publie *le Hamac dans les voiles*.
1953	Retour triomphal à Québec.
1955	Publie en France *Moi, mes souliers*... Soixante-dix représentations en Suisse du *P'tit Bonheur*, par la Compagnie du Faux-Nez.
1956	Création de *Sonnez les matines* par le théâtre du Rideau Vert. Écrit un téléroman pour Radio-Canada: Nérée Tousignant (du 6 avril au 28 septembre).
1958	Grand prix du disque de l'Académie Charles-Cros. Publie à Paris *le Fou de l'Île*.

1961 Publie *le Calepin d'un flâneur*.

1963 Création, le 24 janvier, de *l'Auberge des morts subites*, au Gesù.

1964 Publie *l'Auberge des morts subites*.

1965 Luc Bérimont, un écrivain français, publie son *Félix Leclerc*, dans la collection Poètes d'aujourd'hui.

1966 Création des *Temples*, le 10 janvier, à la Comédie Canadienne. En novembre, quitte le Québec pour l'Europe.

1968 Publie *Chansons pour tes yeux*.

1969 Retour au Québec. Bâtit maison dans l'Île d'Orléans.

1972 Projet d'adaptation cinématographique du *Fou de l'Île*, sous la direction de Claude Jutra, avec Jean-Claude Labrecque comme réalisateur et Jean Duceppe comme comédien. Le projet avorte.

1973 Création de *Qui est le père?* (7 août), au Théâtre de l'Île. Publie *Carcajou ou le Diable des bois*. Pour la troisième fois, Grand prix du disque de l'Académie Charles-Cros.

1974 Publie *l'Ancêtre*, livre d'art illustré par René Derouin.

1975 Prix Calixa-Lavallée (1975) de la Société Saint-Jean-Baptiste de Montréal et médaille *Bene Merenti de Patria*.

1977 Prix Denise Pelletier (Prix David), décerné par le Gouvernement du Québec et le ministère des Affaires culturelles. Publie *Qui est le père?*

1978 Publie *Petit Livre bleu de Félix ou le Nouveau Calepin du même flâneur*.

1980 Médaille d'argent du Mouvement national des Québécois.

1982 Reçoit un doctorat honorifique de l'Université du Québec (11 juin).

1983 Prête son nom à une salle de spectacle à Montréal. Gala-hommage au Théâtre Félix-Leclerc et création de la Fondation Félix-Leclerc (11 septembre). Parution du *Choix de Félix dans l'œuvre de Félix Leclerc.*

1984 Publie *Rêves à vendre ou Troisième calepin d'un même flâneur.* Nommé membre d'honneur de l'Union des écrivains québécois

1985 Reçoit l'Ordre national du Québec (26 juin), à titre de Grand Officier.

1987 Parution de la biographie de Jacques Bertin, *Félix Leclerc, le roi heureux.*

1988 Le 8 août, il meurt subitement dans son île où il est inhumé trois jours plus tard dans la plus grande simplicité.

(Chronologie établie par Aurélien Boivin)

Du même auteur

Adagio, contes. Montréal, Fides, 1943, 204 p.

Allegro, fables. Montréal, Fides, 1944, 195 p.

Andante, poèmes. Montréal, Fides, 1944, 158 p.

Pieds nus dans l'aube, roman. Montréal, Fides, 1946, 242 p.

Dialogues d'hommes et de bêtes, théâtre. Montréal, Sao Paulo, Paris, South Bend, Fides, 1949, 217 p.

Théâtre de village. Montréal et Paris, Fides, 1951, 190 p. (Collection Rêve et Vie).

Le Hamac dans les voiles. Contes extraits d'*Adagio*, *Allegro* et *Andante*. Montréal et Paris, Fides, 1952, 141 p.

Moi, mes souliers... Journal d'un lièvre à deux pattes. Préface de Jean Giono. Paris, Amiot-Dumont, 1955, 226 p.

Le Fou de l'Île, roman, Paris, Denoël, 1958, 222 p.

Le P'tit Bonheur suivi de *Sonnez les matines*, théâtre. Montréal, Beauchemin, 1959, 153 p.

Le Calepin d'un flâneur, maximes. Montréal et Paris, Fides, 1961, 170 p.

L'Auberge des morts subites, comédie en deux actes. Montréal, Librairie Beauchemin, 1964, 203 p. (Collection Théâtre de Félix Leclerc, n° 3).

Chansons pour tes yeux, poésie. Paris, Robert Laffont, 1968, 120 p.

Cent chansons, poésie. Montréal, Fides, 1970, 255 p. (Collection Bibliothèque canadienne-française).

Carcajou ou le Diable des bois, roman. Paris, Robert Laffont et Montréal, éditions du Jour, 1973, 264 p. (Collection les Romanciers du Jour).

L'Ancêtre, poème. Châteauguay, éditions Michel Nantel, 1974, 16 p. Illustrations de René Derouin.

Qui est le père? théâtre. Présentation de Jean Royer. Montréal, Leméac, 1977, 128 p.

Le Petit Livre bleu de Félix ou le Nouveau Calepin du même flâneur, maximes. Montréal, Nouvelles éditions de l'Arc, 1978, 302 p.

Le Tour de l'Île. Illustré par Gilles Tibo. Montréal, la Courte Échelle, 1980, [n.p.].

Le Choix de Félix dans l'œuvre de Félix Leclerc. Notre-Dame-des-Laurentides, Presses Laurentiennes, 1983, 79 p. (Collection «Le choix de...»).

Rêves à vendre ou Troisième calepin du même flâneur. Montréal, Nouvelles éditions de l'Arc, 1984, 250 p.

Table

Typographie et mise en pages sur ordinateur: MacGRAPH.

Achevé d'imprimer en novembre 1988 sur les presses de l'Éclaireur, à Beauceville.